I love you.

Thank you.

四句話變幸福！

實現奇蹟人生的荷歐波諾波諾

修．藍博士親授，零極限最佳入門書

伊賀列阿卡拉・修・藍 Ihaleakala Hew Len, Ph.D.——著

丸山茜——採訪　邱心柔——譯

Ihaleakalā Hew Len, Ph.D.

たった４つの言葉で幸せになれる！

心が楽になるホ・オポノポノの教え

自序

見證荷歐波諾波諾的奇蹟

本書將與各位分享至今我見證過的美妙奇蹟，以及「荷歐波諾波諾回歸自性法」的無限可能。

荷歐波諾波諾是數百年前開始流傳於夏威夷的解決問題方法。每當人們有了爭執，夏威夷自古以來的做法都是由調解者帶領團體討論，以此讓人們的心靈平靜，從根本上解決問題。而其關鍵在於，必須與生命源泉「神性智慧」（神聖的存在）合而為一，從而獲得靈感，找回內心的平靜。

不過，我要介紹的「荷歐波諾波諾回歸自性法」（ＳＩＴＨ），則是由身為夏威夷州寶的傳統治療師、已故的莫兒娜・納拉瑪庫・西蒙那女士以傳統的荷歐波諾波諾發展而來。一直以來，夏威夷人都是透過群體對談來尋找解決問題的方法，但莫兒娜認為不應該仰賴他人，而是要藉由自省引出自身力量，透過尤尼希皮里（潛意識）連結奧瑪庫阿（超意識）來解決問題。

自從我在一九八〇年代初期認識莫兒娜後，便持續運用荷歐波諾波諾進行清理。

荷歐波諾波諾最棒的是方法極其簡單，隨時隨地都可以一個人實踐。荷歐波諾波諾認為，人們之所以會遇到不順心的事，問題出在潛意識裡的記憶，藉由消除記憶，便能接收到來自神性智慧的靈感；只要依循靈感生活，事情就會以完美的狀態呈現。

我們可以運用「謝謝你」「對不起」「請原諒我」「我愛你」四句話來清理，本書將反覆針對這一點進行解說。

清理過程中最重要的是，要持續和自己的尤尼希皮里交流。

荷歐波諾波諾回歸自性法看似簡單，實則奧妙精深，只要我們活在這個世界上，任何時候都能派上用場。如果能運用在日常生活中，你的人生觀肯定會產生一百八十度的變化。

衷心祈願閱讀本書的你，能夠體驗到歸零的狀態！話不多說，現在就馬上開始吧！

二〇〇九年八月

POI（我的平靜）

伊賀列阿卡拉·修·藍

目錄

第一章

關於清理

第二章

關於放下痛苦

第三章

關於活著

第四章

關於愛護自己、照顧自己

第五章

答案全在你的心裡

第六章
來自神聖存在的指引

第七章

關於歸零

閱讀本書前，先了解荷歐波諾波諾的基本用語

●荷歐波諾波諾回歸自性法（Self I-dentity Through Ho'oponopono®，簡稱SITH®）

已故的莫兒娜．西蒙那女士，將數百年前流傳於夏威夷的解決問題方法「荷歐波諾波諾」，發展成不須透過他人、僅憑自身力量解決問題的形態。本書統稱為「荷歐波諾波諾」。

●神聖的存在（Divinity）

意指上帝、宇宙、大自然、生命源頭，又稱為「神性智慧」。本書統稱為

「神聖的存在」。

●超意識（Superconscious Mind）

總是與神聖的存在融為一體，和人類的潛意識與神聖存在相連，形同溝通彼此的橋梁。夏威夷語稱為「奧瑪庫阿」，對潛意識來說就像是父親般的存在。

●意識（Conscious Mind）

我們日常生活所認知到的意識。夏威夷語稱為「尤哈尼」，對潛意識來說像是母親般的存在。意識每秒能掌握到的記憶，相當於十五位元的量。

●潛意識（Subconscious Mind）

不光是自身經歷過的記憶，甚至累積了世界誕生至今的所有記憶。潛意識每秒重播一一〇〇萬位元的記憶，投射到現在這一刻。潛意識又稱為「內在小孩」，本書則統一使用夏威夷語中意指潛意識的「尤尼希皮里」一詞來稱呼。

●清理

意即消除人類的疾病與煩惱，以及潛意識中的所有記憶。

●零的狀態

開悟的境界。放下欲望與執著，順著神聖的存在而活，處於準備萬全的狀態。相當於佛教所說的「空」。

●靈感

清理潛意識中的記憶後，回歸到零的狀態時，神聖的存在賜予的智慧與資訊。

第一章

關於清理

只要清理，

便能自然而然開創人生新局。

只需專注在清理就好

荷歐波諾波諾回歸自性法認為，人們之所以會遇到不順心的事，原因出在潛意識當中的記憶。痛苦的記憶化為心理陰影，美好的記憶則化為執著，妨礙我們做出正確判斷。這個時候，我們應該做的是歸零。歸零的狀態相當於佛教所說的「空」，這樣想或許更容易理解。

只要歸零，就能消除你在不知不覺間累積的執著、成見、先入為主的想法、偏見等記憶，唯有如此才能發揮你原本就擁有的能力——而清理能幫助你做到。

有些人會想改變自己的命運。但依我所見，**這個世界上不存在命運，只存在記憶**。因此，「我會生病都是命」「我會和這個人結婚，都是因為命運」，這樣的說法並不正確。正確來說，其實你是因為祖先自古以來代代傳承了「疾病的記憶」，所以才會生病；因為始終抱有「依賴結婚對象的記憶」，才會認識你的配偶。也就是說，人生中發生的任何事，全都來自潛意識中重播的記憶。但是，無論面對怎樣的事情，都要想成是潛意識賦予的清理機會，而不要解讀為負面的含意。

清理的四句話是「謝謝你」「對不起」「請原諒我」「我愛你」。「我愛你」這句話就涵蓋了其他三句話，所以你也可以只說「我愛你」。無論如何，只要持續清理，總有一天你就能感受到歸零的狀態。

比如說，夫妻間起爭執時，透過持續清理，就能消除你的記憶，變得有辦法去愛自己，進而去愛丈夫。其實內心深處是擔心丈夫的，但一面對他卻忍不住意氣用事，如果你有這樣的情況，請一定要專注清理。

讓自己歸零，能幫助你安然面對生活。只需要專注在清理即可，不必去想「希望對方改變」或「希望事情能發展成這樣」，也不需要鑽牛角尖苦苦思索

「為什麼事情會變成這個樣子」「清理到底有什麼意義」，只要反覆說「謝謝你」「對不起」「請原諒我」「我愛你」就夠了。

透過清理，
減少靈魂的負債。

不清理，就像是處於嚴重的便秘狀態

夏威夷語有句話叫「KUKAI PA'A」，是指各式各樣的東西堵在心裡的狀態，說得簡單點，就是心靈上的便秘。任何人一旦長期便秘，全身上下都會不舒服。人類本來就必須把攝取的東西排放出來，否則循環就會阻塞，無法處於順暢且健康的狀態。「KUKAI PA'A」也很像借貸，人在負債的狀態下，會陷入動彈不得的窘境，進退維谷。心也一樣，倘若只是一味接收他人的情緒與各種事物而不加以消化，心就會沉重起來，問題變得很難解決。

容易想太多的人，記憶也比較容易像堆積在肚子裡的氣體，帶給自己負面的影響，所以應該對此有所自覺，更加勤於清理。若想消除便秘，出門健走、做適度運動都是很有效的方法。當你負債時，如果把自己關在家裡，悶悶不樂，對償還貸款也沒有幫助。這時應該想辦法解決問題，正向思考，實際展開行動。清理有助於償還靈魂的負債，感覺上和償還貸款頗為相似。首先要消除負面思考，心無雜念地持續清理，這麼一來，靈感終將降臨。如果你感覺經年累月的負面記憶一一消失，並將一切事物都看成是自己的責任來解決，剩下的則交給神聖的存在來判斷，感覺宛如躺臥在無重力狀態下，就代表你處於沒有任何執著與期待的狀態，無論發生什麼都不會使你偏離軸心，一切事物對你而言都往正確的方向發展，令你感到十分安心，這就是歸零的狀態。不過，記憶總會在下一刻馬上累積，如果疏於消除，立刻就會脫離歸零的狀態。

另外，現實生活中容易便秘的人，往往會把事情想得很複雜，被記憶牽著鼻子走。身體與心靈是連動的，因此，除了要規律飲食，也要持續清理記憶。健康的心才能帶來健康的身體，沒有健康的身體就無法做出正確的判斷。希望你能記住這點。

消除存在這世上的
所有人、家具、衣服、食物等，
你內在的一切記憶。

究竟是吃著對身體不好的食物，還是吃著你認定對身體不好的食物？

常有人問我：「有沒有什麼食物會妨礙心靈的淨化？」答案是「NO」。

正如大家想的那樣，身為美國人的我，熱愛垃圾食物的代表──漢堡。「咦，吃那種對身體不好的食物，對身心都會造成負面影響吧！」我彷彿可以聽見這樣的聲音，卻一點也不擔心。

另外，我還嗜抽雪茄，但至今未曾因此罹患疾病。

一般來說，願意嘗試荷歐波諾波諾的人，大多非常注重健康，也就是所謂的「身體意識」。這樣的人往往偏好糙米與全麥麵包，而不會選擇白米與白麵包。有的人甚至會少吃肉類，多吃魚類與蔬菜，不食用任何加工食品，想必是認為未經精製的食物擁有較高的營養價值，人工食物吃不到製作者的用心，或認為這樣的食物很危險而有所忌憚。

然而，不好的並非食物本身。假如食用這些食物損害了你的健康，那要歸咎於你對食物的記憶。你長年深信某種食物不乾淨、不健康，這個想法影響了你的飲食，才導致這樣的結果。

「感謝有食物可以吃，謝謝你。對不起，擅自認定你是對身體不好的食物。我愛你。」像這樣去清理，就能開開心心吃漢堡了。

如果你清楚知道「我真的不喜歡漢堡」，那麼，當然不會建議這樣清理。但如果你的心聲是「其實我偶爾也想吃吃看」，不妨試試。

無論眼前的食物是否讓你感到抗拒，每次用餐前都先對食物說聲「謝謝你」，再接著享用。光是這麼做，你會感覺原本就愛吃的食物變得更加美味。另外，也別忘了對製作餐點的人致上感謝的話語。如此一來，食物便會充滿喜悅地化為你的血和肉，協助你維持健康的身體。

清理會帶給所有存在的
人與物莫大的影響。

藉由清理，才能發揮你原本的能力

我們唯一該做的，就是清理因記憶而變得動彈不得的狀況。不必去思考任何複雜的事物，甚至應該說，切勿思考任何事物——因為在不斷思索的過程中，又會浮現新的記憶。

儘管如此，深思熟慮的你或許還是有疑問：具體來說，清理究竟是怎麼回事？清理到底會帶來什麼改變？

我在此回答這類疑問。如果你唸著「謝謝你」「對不起」「請原諒我」「我愛你」這四句話的聲音能傳達給尤尼希皮里，就能消除妨礙神聖的存在賜予你靈感的那些記憶。

這個世界上，有些人認定金錢和性愛是不好的，於是這些人既存不了錢，也無法向喜歡的人吐露心意。深植這些人心裡的罪惡感，究竟是何時來的，又來自於誰？也許是受到父母的影響，抑或是兒時經歷產生的心理陰影。無論如何，這樣的人生都是不幸的。在負面記憶的影響下變得動彈不得，氣也呈現混濁的狀態。

氣就像是人釋放出的能量，雖然肉眼看不見，卻會對周遭帶來極大的影響。有時你會有種「真不想接近這個人」的感覺，其實這不只是直覺而已，而是你感受到了對方的氣。在工作上取得成功的人，往往會對金錢上有負面記憶的人敬而遠之，於是這些人就與金錢離得更遠；對性抱有負面記憶的人，則隱約散發一股陰暗扭曲的氛圍，所以也無法覓得伴侶。如此一來，永遠無法擺脫不幸的迴圈。

如果你想變幸福，請先對尤尼希皮里說說話，以消除偏見的成因——內在的記憶。例如對尤尼希皮里說：「你會鄙視金錢和性方面的事物，是我的責任。對不起，請原諒我，我愛你。」你不必特意思考「我的責任」背後的意思，這並非一項罪過。不過，發生在自己身上的一切事物，自己要負上所有責任。既無須後悔，也無須反省。

不用多想，只要反覆清理即可。這麼一來，你的氣就會重拾光芒，維持良好的平衡，發揮出你原本的能力。

別停滯不前，動手清理吧。

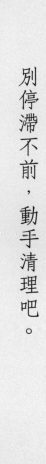

生命意識將藉由你的清理，傳承到下個世代

記憶每分每秒都會不停重播，因此只要活在這個世上，就必須持續清理。記憶就是如此緊密糾纏著我們。假如日常生活中沒有致力於消除記憶，凡事都會被過去的記憶牽著鼻子走。

如果清理已經成為你日常生活的一部分，倒沒有什麼問題，但有些人覺得清理很麻煩，有的人則認為記憶就是記憶，放著不管又何妨。

不過，清理記憶並非只是個人層級的問題。一旦活在此刻的我們放棄清理，記憶的影響力甚至會波及未來的子孫。我們之所以能在地球上活動，是因為從遙遠的古代祖先便不斷清理的緣故。

有時候，你出生前的記憶會牽動你悲傷的情緒，而這正是潛意識賦予你清理的機會。當你覺知到這一點並進行清理，便能消除記憶，找回內心的平靜。你一個人的清理，全世界和平，且影響範圍不只現在，甚至連未來也會充滿歸零的能量。清理記憶的工作必須代代傳承下去，每個人都憑藉自己的力量消除自己的記憶，這就是人類的使命。

每天持續清理。

時時刻刻消除累積的記憶

其實，困擾我們的記憶還可分為各式各樣的種類。

從小被拿來和兄弟姊妹比較的自卑感，堅信「自己也會和父母一樣，無法擁有幸福的人生」的錯誤認知，或是不知不覺在工作或學業上過度努力，導致身體出現警訊等種種壓力，全都屬於記憶。長年累積下來的記憶，造成人際關係出現各式各樣的問題，最糟糕的情況則會形成犯罪的導火線。

記憶一旦放著不管就會逐漸累積，因此我們必須時時刻刻消除記憶。可以說，「人生就是每天不斷清理。」

這樣聽起來，彷彿是花上一輩子的時間，每天除了打掃什麼都不做。其實，人生正是如此。很多時候，當你遇見令你感動莫名的事物、深感幸福時，下一秒緊接而來的就是悲劇。當這世上發生出人意料的事物讓你錯愕不已，若因此膽怯或逃避現實並非良策。我們必須明白，只要活在這個世上，就必須接受發生的每件事，而且克服這些問題本身也是有意義的。

當我們讓心靈澄澈透明，聆聽到神聖的存在賜予的靈感後，便付諸實行。這樣一來，任何煩惱與迷惘都能一掃而空。

荷歐波諾波諾的清理工具①

藍色太陽水

藍色太陽水又名「奇蹟之水」「生命之水」，可以拿來飲用、做菜、加入泡澡水、洗頭髮或洗臉、洗衣服等，能協助清理討厭的記憶。

此外，如果在工作桌上放個杯子，裝入四分之三杯的藍色太陽水，就會自動為你清理，提升你的專注力，讓工作順利進行，也能有效清理電腦的電磁波對身體造成不良影響的記憶。

藍色太陽水製作方式

①準備市售的藍色玻璃瓶。有些葡萄酒等飲品也使用藍色玻璃瓶，可將飲用後的空瓶加以利用。如果沒有藍色瓶子，可以用藍色玻璃紙將透明玻璃瓶包起來代替。

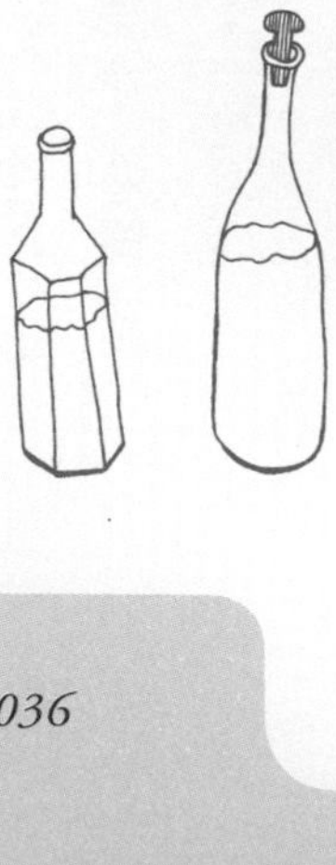

②將自來水或礦泉水加進藍色玻璃瓶裡。

③將裝滿水的玻璃瓶蓋上蓋子。不要用金屬蓋子，請使用塑膠、玻璃或軟木塞等材質的蓋子。如果瓶子原本搭配金屬蓋子，或是沒有蓋子，可以蓋上保鮮膜再用橡皮筋綁住。

④讓瓶子放在照得到陽光的地方三十分鐘至一小時。陰天或雨天時，放在白熾燈（鎢絲燈）下也能得到同樣的效果，但日光燈的光線無效。

● 藍色太陽水製作完成後，即使倒入其他容器，清理效果也不受影響。

● 若要飲用藍色太陽水，可在普通的水或飲品裡滴入幾滴。一天喝兩公升是最理想的。無論冷熱都不影響效果，但因為是生水，建議盡早飲用完畢。

● 出門在外沒有藍色太陽水時，可以想像自己正在飲用藍色太陽水，也能達到清理效果。

● 難以控制內心時，可加入一、兩滴新鮮檸檬汁飲用。

荷歐波諾波諾經驗分享①

「在荷歐波諾波諾的幫助下，父親與事業夥伴治好了酒精成癮問題！」

自營業者　匿名

mixi上一個朋友的新文章總是讓我很期待。有一天，這位朋友引用了一篇荷歐波諾波諾的文章。

我有在學草裙舞，每堂課結束後，老師會讓學員分享該堂課的感想，並把這段分享時間稱為「荷歐波諾波諾」。因此當我看到這篇文章，立即感到很興奮：「我知道荷歐波諾波諾！」但繼續看下去，才發現內容顛覆了一般認知，跟我一直以來以為的荷歐波諾波諾完全不同。

※根據修・藍博士本人的意思，直接刊登分享者的原文。

雖然內容完全無法用邏輯來解釋，不知道為什麼卻非常有說服力。我馬上進行內觀：「至今為止，我有什麼一直反覆出現的現象？」這時發現我唯一的問題是和酒精有關。

我從小厭惡父親依賴酒精的壞毛病，懷著逃避的心情結婚，結果就連結婚對象也有酒精成癮的問題。

就在我逃離婚姻回到娘家後，認識的事業夥伴也因為酒精引發諸多問題。這時我才發現，其實就連我也因為應酬而經常勉強自己喝酒——當我覺察這一點，馬上決定再也不喝酒了。

接著，我立即乖乖反覆唸著「四句話」。

過了大約兩、三天，我發現父親每晚都喝茶，問他是不是身體不舒服，不料他竟回答：「年紀大了，盡量別喝酒。」

過去幾十年來，父親每晚都要喝上幾杯，我是第一次看到他喝茶，太令我驚訝了。現在他也還是一直都喝茶。

至於我的事業夥伴，雖然還不到徹底戒酒的程度，但飲酒量已經減少到身邊的人都驚訝的地步。今年還順利結婚，明年一月小孩就要出生了。

我的前夫如今已經到了天上，我打從心底深信，實踐荷歐波諾波諾可以讓他獲得清理並上天堂。

從此，面對眼前發生的各種現象，我只是淡然地反覆實踐荷歐波諾波諾。如今，我的內心平穩而沉靜，除了看電視新聞時，已經沒有機會使用荷歐波諾波諾了（笑）。

我之所以能夠如此，都多虧介紹荷歐波諾波諾給我的朋友，以及將荷歐波諾波諾作為畢生志業、走遍全球加以推廣的修．藍博士，衷心感謝。

今後我會繼續將上帝賜予的美妙禮物「謝謝你」「對不起」「請原諒我」「我愛你」這四句話推廣給身邊的親朋好友，並充分運用在日常生活中。

第二章

關於放下痛苦

一切痛苦與悲傷，
都來自潛意識裡重播的記憶。

一旦帶有記憶，就會想太多

人類的行為由「記憶」與「靈感」決定。

只要活在時間的流動中，便不可避免伴隨著記憶，不論是好是壞，擁有記憶使得人類容易不自覺地想太多。記憶為人類帶來無比巨大的害處。有的人會因為想起討厭的事情導致心裡亂糟糟的，無法專注在工作或任何事物上；有的人會一直想著「要是事情發展到那一步該怎麼辦」，成天坐立難安、手足無措，最終因為壓力過大形成身心上的疾病。記憶存在人類的潛意識中，一有機會就會浮現到意識層面，使人回想起過去發生的事。

而靈感又是如何呢？靈感就是靈性的感知，和記憶相形之下較不為人所熟悉。不過，其實靈感也和記憶一樣賦予所有人。靈感從神聖的存在依序傳遞到我們的超意識與意識（請參考45頁的圖示），神聖的存在是一個記憶歸零的空間。也就是說，如果我們能到達歸零的空間，就能達到超脫俗世的精神狀態。也許你覺得聽起來太玄了，但其實人類都是上帝的孩子，儘管存在個體差異，或根據每個人所處狀況而有所不同，但每個人可說都具備靈感。

將人類的存在看成是左圖中的三角形，應該就很容易理解。潛意識位在最底層，記憶在此沉眠；上一層則是意識，平時我們吃飯、說話、工作都是基於這層意識。意識再上一層是超意識，意指超脫意識的一層意識，當我們與神聖的存在更加靠近時，便會接收到這一層意識。超意識的上方，也就是最高的地方，則是神聖的存在所處的歸零空間。我們的記憶阻礙了神聖的存在帶來訊息，因此必須透過清理來消除記憶。順著神聖的存在賜予的靈感而行，人生就會形成自然的流動，讓我們能夠發揮原本的力量。人類因為記憶累積而忍不住過度思考，招致痛苦與災禍降臨。荷歐波諾波諾便是幫助人類回到歸零的狀態、接收來自神聖的存在賜予的靈感，不可或缺的方法。

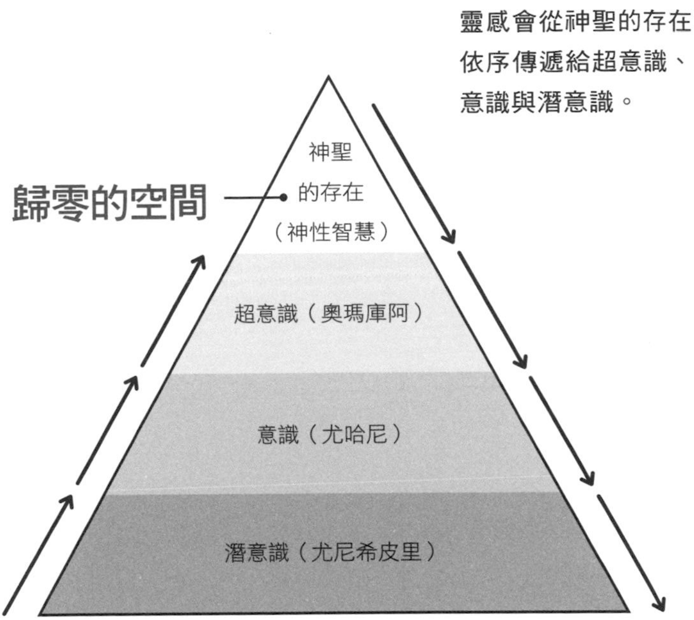
靈感會從神聖的存在
依序傳遞給超意識、
意識與潛意識。
歸零的空間
神聖
的存在
（神性智慧）
超意識（奥瑪庫阿）
意識（尤哈尼）
潛意識（尤尼希皮里）

從深陷的過去記憶中解脫。

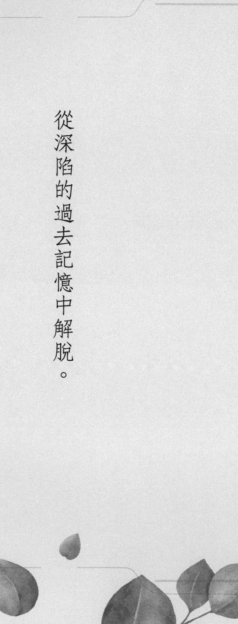

就連取名的方式，也受到記憶影響

這裡來聊聊新生命誕生之時所取的「名字」。

名字本應是嬰兒出生時，雙親或祖父母懷著對嬰兒的期待所取的，但是一不小心取名者的記憶就有重播之虞。過去有位深受憂鬱症所苦的人來找我，我沒有進行諮商，只是詢問對方的出生年月日與全名，接著清理。當我向對方確認全名時，對方不知為何就開始轉述親人為自己取名時的情形，我由此得知，當年這個人的父母與祖父母等眾多親人都搶著為其取名。直接就結論來說，這個人的憂鬱症是源於名字不單純、擁有多重的含意。一旦揹負來自許多價值觀不同的人們的期待，隨著日漸成長，會開始感受到自己的名字和自己之間不協調的異樣感。無論做什麼事，總是伴隨窒礙難行的感覺，不知到底該如何是好。這份壓力總有一天會成為導火線，引發各式各樣的疾病。以這個人的情況而言，當事者的潛意識重播著許多人的記憶，導致此人的內心徬徨困惑。

名字正是如此容易受命名者的記憶所影響。不只是小孩的名字，像是寵物的名字、建築物的名稱、公司名、書名、歌名等，一切創造物都反映了創造者的念想。倘若抱著隨便的想法、不管對方意願強迫接受或懷著無所謂的心情，記憶便會重播，不會得到好結果。因此，當你要為任何對象取名時，記得先透過清理讓自己歸零。荷歐波諾波諾認為萬物皆有意識，不管是替寵物、小孩或公司取名時，都要詢問對方想取什麼樣的名字。

看到這裡，或許你會對你取過的名字感到一股沉重的責任感，擔心自己取的名字是否讓誰受苦，懷疑工作不順利會不會是因為自己取的公司名稱不好——不過，你之所以會產生這份擔憂，也是受到傳承而來的記憶所影響。請你現在馬上開始清理。察覺到消除所有記憶並歸零有多重要，正是讓事物朝好的方向邁進的第一步。

消除記憶、放下記憶。

為什麼對金錢沒有執著的人更加富足？

清理能幫助我們放下記憶。關於清理的重要性，這裡再以金錢的流動為例。清理不只可以修補人際關係，也能調整你周遭的金錢流動。

負債與破產，代表心中累積了對金錢的記憶，兩者都是來自「沒有錢會很麻煩」的過去記憶，導致對金錢有所執著的結果。越是拚盡全力追求金錢上的富足，金錢就離得越遠。

因為過度追求金錢，會使你潛意識中的記憶重播，讓尤尼希皮里感到痛苦。只要記憶沒有消除，就會從中作梗，讓你聆聽不到神聖的存在傳來的靈感，無法做出正確判斷，輕易聽信輕鬆賺錢的小道消息而蒙受損失，或是遇到詐騙。其實靈感總是不斷向我們傳來。

與金錢有關的記憶種類繁多，例如買賣股票賺錢的正面經驗、拿到特別多獎金時的興奮之情，或是家裡遭小偷、借錢給別人後要不回來的痛苦經驗。不過，不管是好的還是壞的記憶，都必須消除。

因為每當你面對金錢問題時，記憶都會重播，致使你無法以平常心看待。

雖說記憶的種類繁多，但與金錢相關的記憶具有特別強大的威力，有時甚至足以毀滅人格，請務必充分清理。

金錢流動順暢的人，不會被金錢的記憶耍得團團轉，也就不會被金錢耍得團團轉。只要清理期待的記憶，清理金錢的記憶，自然就能達到這樣的狀態。

「消除並放下記憶」也許會讓你聯想到再也得不到任何金錢，其實並非如此。金錢反映了你的內在。

人們可以從你的用錢方式和金錢觀，看清你這個人。如果你對人用錢大方，人們也會對你有好感，在你遇到問題時願意出手相助。每個人應該都想和一個在金錢方面守信用的人攜手工作，不是嗎？

當你透過清理消除自身記憶時，消除的並非金錢，而是會藉由消除記憶，確保有足夠的空間來接收神聖的存在所賜予的靈感。

日本有句俗諺：「金錢輾轉於天下間（世間貧富無常）。」

這句話精準點出了金錢的本質。這個世界存在看不見的金錢流動，在不受我們控制的狀態下運行。消除記憶、順從自然的流動，就會更懂得包容金錢。

活著的目的，
就是消除我們各自的煩惱。

煩惱沒有意義。

解決煩惱最好的方式，是清理。

荷歐波諾波諾認為，活著的終極目的，只在清理。

舉個例子，試想若一位母親有個重度障礙的孩子，會是什麼樣的心理？

誕生在這個世上的小孩，並非全是四肢健全的，生下殘疾小孩的父母往往會自責。這自然是深愛小孩的表現，但如果始終無法抱持積極的心態向前邁進，原因就出在父母一廂情願認定「殘疾是不幸的」這份記憶上。

這份記憶先入為主地認定「有先天缺陷實在很不幸」。在意他人眼光而覺得不好意思，或是感覺給人添麻煩而有罪惡感，在這樣的內心深處，隱藏著「我的小孩有缺陷，好可憐」的想法。但是，這樣的記憶必須盡早消除才行。

詢問自己，是內在的什麼記憶，讓你覺得這個小孩是「身障兒童」？此時浮現的所有記憶，請一一清理。擁有單純心靈的小孩將健全成長，還是帶著自卑的心態長大，全都取決於你的清理，取決於你清理了多少記憶。

不只如此，在我的診療處，透過持續清理，原本診斷出患有疾病的小孩得以康復，這樣的案例所在多有。之所以擅自認定疾病是治不好的，也是出於記憶。說到這裡，各位是否能理解清理記憶有多重要了呢？

只要我們以消除所有煩惱為目標，持續清理，不只能消除母親對小孩抱持的執著，勢必還能消除許許多多的人因自身記憶，對他人帶來的負面影響。

只是一直煩惱，就能解決問題嗎？

與其擺出悶悶不樂的表情、哭哭啼啼、讓周遭的人陷入窘境，不如忘卻煩惱吧。煩惱沒有意義，取而代之的是清理。

只要著手清理，必然能擺脫煩惱。

荷歐波諾波諾的清理工具②

「HA」呼吸

「夏威夷」（Hawaii）與「阿羅哈」（Aloha）當中的「HA」，在夏威夷語的意思是「神聖的靈感」。「HA」有活化生命能量的作用。

換句話說，光是說出「夏威夷」或「阿羅哈」，就會化為一種喚醒生命能量的工具，傳達到潛意識，幫助我們清理。

在向尤尼希皮里說「謝謝你」「對不起」「請原諒我」「我愛你」之前，記得先使用「HA」呼吸，調整心靈的環境以接近歸零的狀態。

「HA」呼吸步驟

①坐在椅子上，脊背挺直。
②雙腳踩在地上。

③把兩隻手放在大腿上，雙手各用大拇指、食指與中指圍成一個圈，並讓雙手的圈套在一起（其他手指放鬆即可）。

④一邊想像神聖的氣息，在心裡慢慢從一數到七，用鼻子吸氣。

⑤閉氣七秒。

⑥慢慢用鼻子吐氣七秒，想像自己吐出不好的記憶。

⑦之後再閉氣七秒。

●④~⑦為一個循環，重複七次。過程中要消除一切雜念，專注在呼吸上。

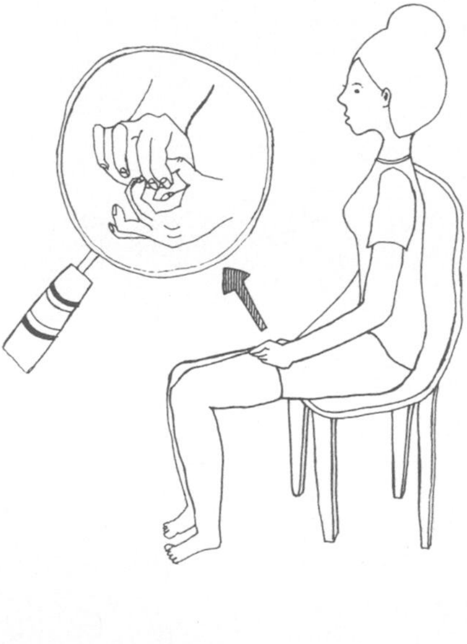

- 在沒有背景音樂的安靜空間進行。
- 注意不要彎腰駝背。
- 通勤中或工作場合等有別人在的地方，無法進行「ＨＡ」呼吸。這時，只要在心裡想像自己正在進行「ＨＡ」呼吸，也能達到清理效果。

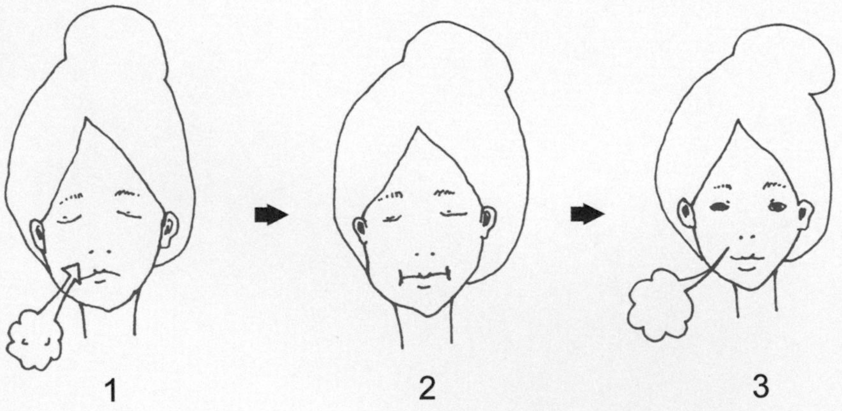

「遇見荷歐波諾波諾，改變了我的人生觀！」

福嶋洋子

由衷感謝有這個機會，讓我分享對修．藍博士滿懷感激的親身經驗。謝謝你。

我會遇見荷歐波諾波諾，是因為我的兒子患有恐慌症，固定去一間針灸診所治療，治療師和我聊到他參加了修．藍博士在沖繩開設的基礎課程，他的親身經歷深深打動了我。

過了一段時間，由喬．維泰利所著、日本第一本介紹荷歐波諾波諾的書籍

※根據修．藍博士本人的意思，直接刊登分享者的原文。

出版，我立刻買回家閱讀了無數次。至今為止，我閱讀了大量靈性方面的書籍，但這本給我的印象特別深刻，和其他書截然不同。我感到非常興奮：「這就是我長久以來一直在尋找的東西！」我明白自己的內心十分喜悅。

無論如何都想見見修．藍博士，想要進一步深入學習——從體內深處湧現這樣的渴望，促使我報名了十月的基礎課程。當時完全沒想到要治療疾病或解決煩惱，只是一心一意想見見博士。

不過，其實我家裡有許多問題。我丈夫經營一家公司，因為銀行信用緊縮，每天四處奔走調度資金，大兒子大學畢業後留學一年，之後近六年都沒有工作，也就是俗稱的啃老族。二兒子離婚後，有了心理創傷。小兒子患有恐慌症，沒辦法一個人出門。

我自己則有子宮內膜異位症。大約從四年前開始，生理痛突然變得像陣痛一樣劇烈，出血量也特別大，演變為慢性貧血。醫院檢查出子宮內膜變形且形成腫瘤，雖然不是惡性，但在子宮內形成一道障壁，醫生診斷這是子宮內膜異

位症，會引發劇烈的生理痛和大量出血。

醫生建議我開刀，看到我猶豫不決的樣子，便介紹另一間大醫院，讓我去徵求第二意見，於是我又檢查了一次。MRI檢查結果不是惡性腫瘤，但不能排除日後有可能轉壞，因此醫生診斷為惡性子宮肌瘤，建議我動手術，但我還是選擇再看看情況。之後固定每四個月檢查一次，但每個月我都得面對難以忍受的劇痛，於是覺得也許開刀是個好選擇。

後來，我如願見到期待已久的修・藍博士，參加了十月的基礎課程。也許是修・藍博士與工作人員進行清理的緣故，我感到會場充滿愛，洋溢著令人懷念而溫暖的感覺。

在講座上，修・藍博士說：「只要清理就好。面對問題，無須探究原因、思考道理或進行分析。這一切只不過是重播的記憶，只要消除記憶就夠了。」這席話讓我放下肩上的重擔，心情整個輕鬆起來，淚水止不住地流下。

學習靈性一段時期的我早已明白，一切都是自己造成的。

我的家人之所以處於這樣的狀態，是不是我哪裡做錯了？過去我不斷自我分析、責怪自己，讓自己充滿罪惡感和懊悔。就算知道應該愛護、療癒自己，仍然無法消除負面的思考。

回家後，我開始運用課堂上教的清理工具來清理。

得知柿子葉是清理生殖器記憶的工具，我便將柿子葉放在子宮的位置，反覆在心裡說：「謝謝你、對不起、請原諒我、我愛你。」此外，我也會說「冰藍」接著觸碰植物，使用藍色太陽水，和尤尼希皮里說說話……我拚盡全力努力清理，清理已經變成我無意識的習慣，經常是回過神來，才發現自己好像做了些什麼。

結果，我不知不覺認識了許多實踐荷歐波諾波諾的人。有位治療師多次報名修‧藍博士的課程，這個人告訴我「荷歐波諾波諾是種終極療法」，也教了我一些療法，還遇到許多看了荷歐波諾波諾的書籍後產生共鳴的朋友，我想大家共同清理確實產生了加乘的效果。

就在十月的基礎課程結束後，到十一月大阪的商業課程開始前的這段期間，好幾年找不到工作的大兒子順利錄取，患有恐慌症的小兒子情況也有所好轉，可以一個人搭公車了。不可思議的是，在十月底的定期檢查中，我的子宮內膜裡並沒有腫瘤，毫無異物。

十一月的生理期，奇蹟似地完全不痛，經血量也很普通。是因為消除了累積在子宮的記憶而歸零，單純回到子宮原本的狀態嗎？究竟發生了什麼，我並不清楚。

連醫生也歪著頭疑惑道：「之前照片裡的那個到底是什麼？」就這樣，安在我身上的「子宮內膜異位症」這個病名就此消失。而我做的只是不去多想，持續運用課程教的清理工具而已。

修・藍博士說：「荷歐波諾波諾非常簡單，但要長期持續卻很困難。」

此刻我內在的記憶仍不斷重播，每分每秒都需要清理。可是，我不再像從前那樣，因為眼前的事物而手足無措，內心始終保持穩定的狀態。因為我要做的只有清理，剩下的就是交給神聖的存在。

能遇見修・藍博士和荷歐波諾波諾，真的好幸福，我心中滿懷謝意。

實在是萬分感謝，在此致上我滿滿的愛。

第三章

關於活著

活著，就是消除所有記憶的過程。

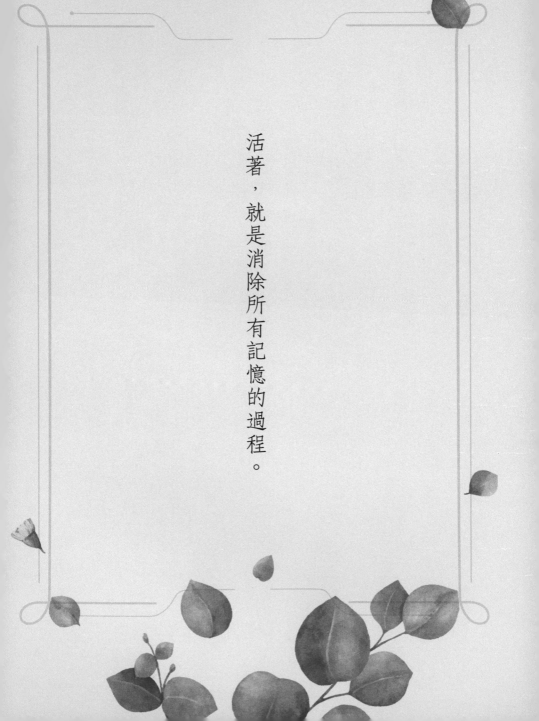

我們有辦法清理潛意識中的正面與負面記憶！

每個人都擁有潛意識，你是否想過潛意識是怎麼回事呢？潛意識不同於我們所能感知到的意識，它是位於內心深處，平時「不會浮現到表層的意識」。

潛意識保存著過去你經歷過的種種記憶，其中有開心的回憶、感動的事情，也包括遭遇挫折、不快樂的記憶，以及和重要的人離別、巨大的挫折與強烈的憎惡等各種負面記憶。

此外，這些存在潛意識中的過去記憶，不光是你經歷過的事物，還涉及自宇宙誕生起的所有記憶。世界上之所以有接連不斷的戰爭，反覆發生殺人等可怕的犯罪事件，全都是因為人類過去的記憶在我們每個人的內在重播。

同樣地，你日常生活中面對的一切艱辛與痛苦，也是由你本身的潛意識創造出來的。你讓潛意識中的記憶重播，於是引發了被視為問題的現象。

也許你會想：既然出生時內在就已經存在討厭的記憶，那不是無能為力了嗎？不用擔心，因為這些痛苦與悲傷，全都可以藉著清理而消除。

就連眼前這一刻，潛意識也正重播著延續自過去的龐大記憶，因此我們只要在此時此刻馬上開始清理就好。持續清理不斷重播的記憶，如此而已。

清理的方法非常簡單，只要用「謝謝你」「對不起」「請原諒我」「我愛你」四句話，就能消除過去的記憶，回到乾淨的狀態，也就是歸零。

請你現在馬上開始清理。在持續清理的過程中，想必你會發現悲傷逐漸消失。關鍵在於持續不斷地清理。

為自己人生發生的事情，
負100％的責任。

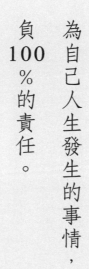

每件事都是你創造出來的

請為你看到的一切負責。荷歐波諾波諾認為，不光是自己的事情，包括他人內在發生的問題，原因都出於自己的內在。

舉個例子，如果你察覺自己總是在抱怨，請理解為：「是因為我內在的記憶，所以形成了這樣愛抱怨的個性。」

假如你是業務員，遭到客戶蠻不講理的對待，請不要埋怨對方，而是去想：「對方會這麼對我，原因出自我的內在。」

倘若你是老師，別敵視班上的問題兒童，要詢問自己：「是我的什麼記憶，導致這個小孩出現問題行為？」

假如你是護理師，負責照顧為病痛所苦的病患，請詢問自己：「我的內在是否存在某些記憶，折磨著這名病患？」

也就是說，你要知道一切和自己有關的事物都不是偶然，要對所有事物負責。對自己和他人都負上100％的責任，是指將一切都視為自己的問題，予以接受。比如說，另一半任職的公司可能會破產，讓你心神不寧，既然如此，這件事對你來說絕非事不關己。即使是你認為「那是別人的人生，和我無關」的事情，其實也源自你內在的記憶。另一半體驗到的事，同時也是你體驗到的事。這個時候，請你不要害怕，接納一切事物。

如果只是悶悶不樂、鑽牛角尖，深陷負面情緒的泥淖，什麼都不會改變。有時間煩惱，不如二話不說著手清理。因為一旦開始清理，就可以接著踏出下一步。

清理是為了自己。與其替他人祈福，不如將他人身上降臨的災難當成自己的事情予以接受，為了拯救自己、淨化自己，而進行清理。無論何時，請你用這樣的方式看待事物——一切都是從自己的內在形成的。

人生中的任何事物，
都起因於你重播的記憶。

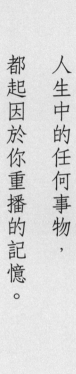

我在夏威夷州立醫院精神科病房的經歷

過去我曾以心理學家的身分，受雇治療夏威夷州立醫院精神科病房裡犯下強暴、吸毒、殺人等重大罪行的罪犯。這棟病房與一般病房隔離開來，總是彌漫一股肅殺之氣。事實上，患者對工作人員施暴彷彿家常便飯，導致離職率極高，而患者也都上了手銬與腳鐐。

我接受這份工作委託，是為了測試荷歐波諾波諾的效果。照理來說，心理學家一般是採取某些療法或進行諮商，但我完全沒有這麼做，因此一開始大家都無法理解。但幾個月後，效果逐漸顯現。

患者與工作人員的表情變得越來越有生氣，大樓內恢復令人舒適的氛圍，患者不再需要手銬與腳鐐，暴力行為也平息下來，重新開始進行更生活動，以利日後回歸社會。

大家都不可思議地驚歎道：「修．藍博士到底做了什麼？」之所以有這樣的反應，是因為沒有人知道荷歐波諾波諾。

我只是單純地清理，並沒有做什麼特別的事，只是在心裡唸著「謝謝你」「對不起」「請原諒我」「我愛你」。

一開始大家都無法理解，為什麼會帶來這樣的變化。「到底在向誰道歉？」「究竟是在對誰說我愛你？」各式各樣的疑問迎面而來，我一再回答：「是對自己的記憶。」

記憶是一切現象的根源。過去抱持的偏見、執拗、絕望感……這一切都會形成負面的記憶，在潛意識中格式化並不斷重播。因此，事物才會朝不好的方向發展。

而創造記憶的人正是我、是你，是我們每個人的潛意識。

我沒有為了改變患者而刻意展示力量。因為不是別的，正是我們的記憶造就了眼前的局面。因此我每天反覆對記憶說「我真的很愛你」，持續傳遞愛的訊息。

清理的過程中，我內在的記憶和患者的記憶開始彼此共享。這時我的體內感受到疼痛，我將之視為轉化的開端，更加專注於清理。

旁人看了都說：「他都不為患者諮商，到底在做什麼？」但是，我相信持續清理便能解決問題。

而結果確實就如我相信的那樣。記憶停止重播的同時，問題也得以解決，整棟病房都呈現前所未有的協調狀態。

於是，我確定了持續清理有多麼重要。

取得平衡，
調整內在的軸心。

有時記憶會影響周遭事物，導致失去平衡

取得平衡，是指讓事物恢復原本該有的樣貌或狀態。一旦失去平衡，你可能會感覺身體哪裡怪怪的，或總覺得心情無法平靜。這個時候，請一一清理身邊的一切物品。

經歷悲傷事件的人穿戴的衣服或首飾，因債務所苦的人在痛心疾首下割捨的昂貴物品，依依不捨卻不得不別離的人們所擁有的、充滿回憶的物品等，全都纏繞著他人的強烈記憶。你的命運不光受到你的記憶影響，其他人的記憶也會強烈影響你的命運。

曾有人去世的地方，人們往往會直覺想避開，但其實這時只要確實清理就

夠了。

當愛帶來信任，整個環境都會取得平衡。身處這樣的環境，便會被舒服自在的感覺環繞，沒有機會感受到一絲不協調，以及如鯁在喉般的煩悶與不快。

從整體來看，「調整平衡」既是調整自己內在的軸心，也是調和周遭的環境與自己之間的平衡。

只要持續清理，自己與外界都能戲劇化地處於良好的平衡狀態。因為，人只有在協調的環境中才能發揮原有的力量。

順帶一提，平衡在夏威夷語裡叫作波諾（pono）。夏威夷人自古以來便認為，人生中正是有好有壞，才得以調和。

自然界裡有數不清的東西都以相互平衡的狀態存在，例如男性與女性、天空與海洋。當這些事物不再處於波諾的狀態，就需要時常透過清理，將之回復到原本的狀態。

當你迷惘的時候，
該做的事情其實十分有限。

你早已收下了一份禮物——專屬於你的角色

人生中，存在不屬於任何人、唯獨專屬於你的角色。

你從事的職業、邂逅的人、你和家人承受的疾病、你遇到的事件、感受到的事物……這一切都必須是你才行。

身患重病的人都會想：「為什麼被選中的人是我？」是不是因為自己過去做過什麼不好的事？不過，就算一直糾結於此也得不到答案。這個人腦海裡浮現的「過去」，也是「記憶」。每個人都帶著記憶。

而我們終將共享彼此內在的記憶。雖然這個世界上充滿如此多的人事物，但本源都在於你的心、其他人的心，都是形成這個整體的一分子。

「為什麼只有自己遇到這樣的事？這個世界真是太不公平了！」請別這麼

想。發生在你身上的事物，全都是為了提醒你去面對記憶而存在。記憶一直等著你去愛它。世界是一個相互連結的整體，因此，只要每個人都將各自的試煉作為契機，察覺到清理的重要，加以實踐，世界就會有所好轉。請別忘記，你也是這個世界的一分子。

發生在你周遭的一切都是重播的記憶，必須察覺到這一點才行，但也不需要因此產生罪惡感。罪惡感會導致鑽牛角尖，形成一連串新的記憶。

我一直強調，面對這個情況時，只要像刪除電腦般，機械式地對尤尼希皮里說「謝謝你」「對不起」「請原諒我」「我愛你」就好了。

很多人一開始都會遲疑，沒辦法不帶感情說出「我愛你」。其實，當你不停說著清理的話語，就會逐漸變成習慣，像呼吸一樣自然，經常在心裡重複這句簡單的話。**如果不在思考之前便先行清理，就無法改變現實。**

當生活中出現任何變化，請什麼都不要想，只是單純清理。你是為了清理記憶而存在，這就是神聖的存在賜予你的禮物。

即使有辦法選擇，
也無法掌控。

讓自己順著流動走，才是正確的做法

我們每個人原本都是零，是完美的存在。零是讓你得以活出自我的泉源，然而記憶會不時重播，失去控制。當人產生能掌控一切的錯覺時，可以說是處於自我中心的狀態。

荷歐波諾波諾認為，「就算我們有辦法做出選擇，也無法掌控。」

你有想實現的夢想吧？若想實現夢想，就不該執著於達成目標一事上，而是專注於眼前發生的事物，一心一意地清理。清理「什麼時候才能實現夢想？要怎麼做才能實現夢想？」這類不自覺想東想西的記憶。

至於是否能實現，全都託付給來自神性智慧（神聖的存在）的訊息（靈感）。只要專注消除潛意識中的記憶就夠了，而不是一味等待訊息。

同時，你也是無法掌控現實的。舉例來說，很多人對現在的工作不滿意，不是抱怨個不停，不然就是換工作，或是期盼能爭取到更好的待遇。但其實選擇現在工作環境的人，正是自己。如果沒有察覺到這點，逃避現實，認為事情不順利不是自己的問題，便意味著停滯不前。

你沒辦法抗拒現實，讓事事稱心如意。不過，我們有辦法清理記憶，讓現實逐漸產生變化。

命運是記憶，卻也能透過清理而歸零，獲得靈感。依循靈感來生活，就是荷歐波諾波諾。

宇宙存在兩種推動我們的能量：重播的記憶與靈感。只有這兩種而已。

荷歐波諾波諾的清理工具③

冰藍

「謝謝你」「對不起」「請原諒我」「我愛你」這四句話可以清理自己潛意識中的記憶，而觸碰植物時說「冰藍」，則能幫助清理疼痛的記憶。

「冰藍」除了能清理疾病與受傷等肉體疼痛的記憶，還能清理靈性、物理、經濟、物質層面的內心疼痛，以及受到慘痛虐待的記憶。

「冰藍」是指冰河的顏色，想像這個顏色並觸碰植物，對著自己的問題在心裡唸出這句話。

唸著「冰藍」並觸摸銀杏葉，可以對肝臟問題的記憶發揮作用，消除毒素的記憶。

楓葉有助於改善心臟與呼吸系統，柿子葉可以清理生殖功能與生理痛等婦科問題的記憶。

香水百合能清理對死亡懷有恐懼的記憶，酒瓶椰子能清理經濟與金錢問題的記憶。

另外，將植物製成壓花，夾在隨身攜帶的錢包或記事本裡，也能發揮清理的效果。

荷歐波諾波諾經驗分享③

「遇見這個世界上『最重要的人』（自己）。」

家庭主婦　石川功惠

我失去小孩後陷入茫然若失的狀態，在丈夫的強烈建議下，我見到了修．藍博士。

在講座的休息時間，我和他說了兒子因意外去世的事情。博士遙望遠方片刻後，給了我一個緊緊的擁抱並說：「你的小孩已經上了天堂，看起來很幸福，你放心吧。」接著又說：「為了讓自己從痛苦的狀態恢復正常，你要好好振作，過好自己的生活。」同時給了我具體的建議。

※根據修．藍博士本人的意思，直接刊登分享者的原文。

其實當初參加講座時，我完全不知道修．藍博士是何許人，有過怎樣的事蹟。對我來說，修．藍博士就是個「始終看著別的地方，視線不會和我交會」的初次會面的美國人。這時的我每天沉浸在痛苦與悲傷中，沒想過向外界求助，每天都過得沉重痛苦，思考與感覺全都麻木了。

遠遠地聽到修．藍博士的話語，不知為何身體起了反應，淚水止不住流了下來，但頭腦還是不斷想著，「兒子已經死了，不在這裡了，這件事我再清楚不過了。事到如今，我才不想聽你說這些話。啊！又來了，又是那些聽到膩的安慰話語。」

回到座位後，方才聽到的話語還留在體內，我還是提不起一絲力氣，但身體卻對修．藍博士的那番話有所反應。這時候，我的身上出現了「宛如魔法般」的變化。我不去抗拒修．藍博士的話語，只是任由身體順其自然，不到三十分鐘，心中的「悲傷」便徹底消失了。

在此之前的人生，我一直相信任何事情絕對都有辦法解決。在別人眼中再

艱難的事，我睡一覺就成功解決了。不過，無論我如何苦苦掙扎，「和死去的孩子見上一面」「想要再次緊緊擁抱他，和他一起生活」，這些願望都無法實現了。沒有任何方法可以解決問題，不管做什麼，他都不會復活。盼望他能像昨天那樣「存在」我的眼前，已經是「無論做什麼都無法實現」的願望，這讓我對自身力量產生一股「無力感」，我生平第一次體會到這種感覺。

最難受的人，是生下兒子的我，是被一個人留下來的、我這個做母親的。僅此而已。無處可逃，進退維谷。

有種說法是，幼子離世是給父母的訊息，還常聽到一種說法是：小孩已經完成了自己的使命。所以，如果小孩去了天堂後，父母遲遲無法察覺這份訊息，孩子就會前來告知父母。參加修．藍博士的講座後，我開始感覺到兒子成熟的模樣。

有一天，我在睡前試了修．藍博士教的「和尤尼希皮里說話」，向一直身懷自己負面部分的尤尼希皮里打招呼，不斷對它訴說。結果，尤尼希皮里突然彷佛從床上往上彈似地，跑到臥室天花板的高度，再抱著我的寶寶從空中降落。

兒子踢著我的胸口，我感受到手腳揮動的模樣和溫熱的觸感，他叫著「媽媽！」撲向我的懷抱。雖然他的體型一點也沒變，但我隱約感到他「成熟」了一點。

他對著我拚命張口說話，我真的好開心！他確實在另一個世界健康快樂地活著。尤尼希皮里用最簡單易懂的方式，讓我理解「人類不存在死亡」這句話確實是真的。

這個體驗讓我從原本每天只想著「我不惜一切代價，都要追隨死去的兒子」，重新回到日常生活中。我由衷對尤尼希皮里說了「謝謝你」。

我終於遇見了最重要的人——自己。我終於將原本往外的自身能量重新往內聚攏，總算明白了，給自己滿滿的愛是多麼重要的事。

我開始感覺到，修．藍博士說的不停消除過去，就是為了創造足夠的時間來正視尤尼希皮里。

這個原理和操作電腦一樣，當我們要開啟並使用想要的程式時，必須先消除其他程式。如果使用了龐大的記憶體，就很難開啟程式，或是開啟速度很慢，甚至當機。所以當程式使用完畢後，就要一一消除。至於我們自己呢？當然也應該每天「消除」一切才是。

雖然我的兒子走了，但並沒有死去，所以我能感覺到他現在的狀態。因此原本內在對兒子過去的記憶（用來讓自己逃避的），便就此消失。我已經不需要這份記憶，所以得到了充分享受當下這一刻的力量。我可以感覺到，我和我內在的尤尼希皮里一起踏出了嶄新的步伐。

於是，我總算能發揮自己原本的能力。唯有消除內在的過去記憶，讓自己從內在散發光芒，才能真正發揮原本的能力。

如今又懷上小孩的我，對這一點有深刻的體認。今後我要好好珍惜「自己」而活。

我察覺到，**真正重要的人是自己。照顧重要的人，就是照顧整個宇宙。**真正重要的人是我——並非身為資訊集合體的我，而是那個位於內在的寂靜的我。和一切合而為一的我，現在也依然是一體的我。

我們不該忘記，誰才是最重要的。

第四章

關於愛護自己、照顧自己

第一步先照顧好自己，
接著是家人，
把其他人排在這之後。

懂得愛自己的人，也懂得愛所有人

消除記憶是為了自己，接著是為了家人，最後才考慮其他人。這樣說，或許你會覺得把自己的幸福擺在第一位，是自私的表現。不過，當一個人趕不走在自己頭上飛舞的蒼蠅，會有餘力去顧及其他人嗎？首先要愛自己。你要優先消除自己的記憶，一旦消除了你內在的記憶，也會自然而然消除周遭的人的記憶。

你和你周遭發生的事物，全部源自你重播的記憶。無論是家人的疾病、丈夫的工作等個人性質的事物，都不該認為和自己沒有關係。

想要讓別人轉為正面的心態，這樣的想法也是來自你的記憶。**我們不可能**

改變他人的心態，嘗試透過努力來讓不順利的事情好轉，也是沒有意義的。應該做的是清理自己潛意識中的記憶。僅此而已。

我要再次強調：清理的順序，第一是自己，再來是家人，接著是其他人。只有懂得愛自己的人，才懂得愛別人。

用慈愛之心對待自己，
比任何事都重要。

別把潛意識視為工具，而是視為人生最大的夥伴

你是否有時感覺自己的心靈與身體非常疲憊？這時也許你會抱著悲觀的心態，認為「我已經上了年紀」「我沒有體力了」，但請在放棄前先清理。不要將你的潛意識看成是問題，而要看成是人生最大的夥伴。這也是荷歐波諾波諾的智慧。請經常對你的身體說：「謝謝你陪著我。」「謝謝你為我呼吸。」並懷著慈愛之心對待自己的潛意識，詢問它：「肚子餓不餓？」「會不會口渴？」我們必須傾聽內心與身體的聲音。心靈與身體緊密連結，疾病不過是記憶罷了，當心裡不舒暢，就會以疾病之姿顯現在身體上。心靈和身體都具有意志，所以要經常對自己的心靈和身體說「我愛你」「一直以來都很謝謝你」，好好愛護它。

我攬下所有責任，我才不要呢！」「為什麼我得將別人的不幸，看成是自己的內在造成的？」不過，你周遭發生的事物，全都是在你的參與下發生的。出自你的記憶，或是你和某個人的記憶微妙地纏繞在一起，於是發生了各式各樣的現象。

這世界上發生的一切事物，全都彼此連繫在一起。如果你記憶中對某些事物存在負面印象，這份記憶就會化為負面的念想，朝不好的方向發展，導致對他人的言行舉止變得具有攻擊性。相反地，如果你的內心狀態彷彿平靜的海浪、澄澈無雲的天空，你發出的意念也會是正向的，接收到這份意念的人也會跟著轉為正向。這份意念在四處穿梭往來後，又會再次回到你身邊，於是你和全世界的人都可以找回平靜的心。

早上起床時，小鳥飛上院子裡樹木的枝梢；散步的路上，惹人憐愛的花草宣告季節的到來。**除了人類，還有數不清的對象都在傳播愛給你**，請你對它們說「謝謝你」「我愛你」。從那一刻起，你就會開始流向對你而言最正確的方向。

「重播的記憶」和「靈感」——
每天推動我們的，只有這兩大元素。

我們的內心被兩種看不見的力量推動

宇宙存在兩種能量：「記憶」和「靈感」。

你想和哪一種能量共度人生？答案想必是「靈感」。靈感能告訴我們該怎麼做才能正確生活，幫助我們察覺自己真實的樣貌。當你在記憶的影響下，宛如戴著起霧的眼鏡，眼前一片灰濛濛，這時靈感彷彿就是神奇的清潔劑。

不過，由於靈感太過捉摸不定，不知道會在何時、何處到來，因此許多人都察覺不到靈感的存在。可是，能否感覺到靈感，取決在你。靈感很公平地分配給所有的人。神聖的存在為我們帶來靈感，而我們也是神聖的存在創造的上帝之子。

想必你有想實現的夢想，或是殷切盼望擺脫一切苦痛。如果你想讓靈感指引你該怎麼做，現在就動手準備吧。方法就是清理。

當你想為正在受苦的人做點什麼，
第一步就應該先清理
讓你產生這份念頭的記憶。

不要想改變你以外的人

有位女性的丈夫開設的公司經營不順利，她長期為此苦惱。

這名女性是家庭主婦，沒有參與公司經營，但因為丈夫心情低落，總是不停嘆氣，所以她也很難過，不知該如何是好。公司員工流動率非常高，起初她以為是丈夫獨斷獨行的管理方式或公司福利給得不好的緣故。

當時她相信必須改變丈夫才行，而這件事只有自己辦得到。但是丈夫並不領情，總是回以不耐煩的態度，情況只是越來越糟，有時甚至還引發激烈的爭吵。

就在這時她接觸了荷歐波諾波諾，便不再想辦法改變丈夫，轉而一心一意為自己清理記憶。雖然她起先半信半疑，但當她反覆唸著「謝謝你」「對不起」「請原諒我」「我愛你」，內心逐漸平靜到不可思議的程度，一直以來始終懷著憤怒「我明明那麼設身處地替丈夫出主意」，如今卻覺得似乎不該把公司的問題全都怪到丈夫一個人身上。

隨著持續清理，她開始相信丈夫的公司會出問題，其實是自己的責任。是不是因為自己擔心「丈夫公司的員工會不會又辭職」，以及主觀認定「員工一直離職都是因為丈夫的個性太蠻橫了」等重播的記憶，事情才會不順利？自己是不是想著「要是丈夫的公司倒閉，自己也會受到影響」？會不會是因為自己扭曲的記憶，使得自己看不到丈夫真實的樣貌？當她察覺到這些部分後，便以歸零為目標，不再煩惱與迷惘，開始等待神聖的存在帶給她靈感。

之後又發生了各種問題，但她沒再給丈夫建議，而是想著，「是我的什麼記憶出問題了？」即使對丈夫蠻橫的態度怒火中燒，她也會對尤尼希皮里說，「總之就先放下這個想法吧。我愛你。」並反覆清理記憶。過了一年左右，公司開始步上軌道，如今已過了五年，公司的規模已成長為當時的數倍。

愛著別人，同時也為自己而活，一點也不矛盾。因為自己的記憶會透過他人反映出來，所以我們要優先考慮自己並進行清理，消除記憶。

不必帶著罪惡感，第一步就先從愛自己開始。

你要選擇哪個？

愛或恨？

平靜或憤怒？

豐饒或貧瘠？

家人或孤獨？

內心早已期盼進入沒有記憶的狀態

前面的篇章已經說明，各種現象的成因全是來自人潛意識中的記憶。

這裡再舉些實際的例子。從引發全世界經濟不景氣的金融問題、破壞地球生態環境等重大議題，到職場上的人際關係問題、夫妻間溝通不良、小孩惹是生非或閉門不出、校園霸凌等教育問題、原因不明的過敏症狀、威脅生命的癌症等疾病、對性方面抱有罪惡感、遲遲走不出工作上的失敗等因過去經歷所形成的心理陰影、不知不覺間對別人產生歧視或偏見等先入為主的想法、長久以來女性對男性抱持的憤怒、凶暴的行為、數以萬計的犯罪……真要算起來根本數不完。

我們潛意識中的記憶正是如此影響著地球上的每一寸土地。

記憶不只來自個人生命歷程中經歷過的事物，還包括從最古老的時期代代相傳至今的人類共同記憶，因此會在幾乎無意識的狀態下重播，使我們產生錯誤的認知。

不過，如果我們每個人察覺到消除記憶的重要，現實世界勢必會開始改變。舉個例子，用上一篇舉的記憶實例來說，當妻子察覺自己對丈夫有怒氣時，如果不將怒氣的矛頭指向丈夫，而是視為自己的問題，接著進行清理，丈夫的行為便會自動出現變化。

光是察覺到記憶的存在，就能帶動我們做出清理的行為。再者，我們內心深處也在無意識中盼望能進入沒有記憶的歸零狀態。就算感覺很辛苦，持續清理並不是那麼難的事。有時改善現狀的徵兆出現得快到令人驚訝，這麼一來，你勢必會將清理視為每天必做的功課。

我們每個人都要清理，這就是荷歐波諾波諾。請你透過荷歐波諾波諾覺察真正的自己。

與尤尼希皮里連結，
就是與自己連結。

如果想要提高察覺靈感的敏銳度

在日復一日的生活中，我們很容易被時間追著跑。有句話叫「忘我」，這正是指靈魂被時間奪走的狀態。一旦進入這種狀態，內心會疲憊到連重播的記憶也察覺不到，所以意識也無法與神聖的存在連結，於是就察覺不到靈感的存在。

若想消除這份記憶，最重要的就是騰出時間和尤尼希皮里說說話。尤尼希皮里一直等著你用愛來對待它，不過，也許你因為太忙，把它晾在一旁。尤尼希皮里可能會因此感到沮喪，感覺自己是不被愛的，就此消失無蹤。

為了再次與尤尼希皮里接觸，我們該做的第一件事，就是找時間和它說說話，再移步到能讓自己放鬆自在的地方。

請閉上眼睛，大口深呼吸。尤尼希皮里就在你的內在，等著你照顧它。

「千鈞一髮的危機，正是清理的大好機會！」

自營業者　安部知子

感謝有這個機會，讓我能和大家分享像奇蹟一樣發生在我身上的事情。

自從參加基礎課程後，我的人生軌道出現巨大的變化。現在總是很期待遇到在恰巧時機出現的、如同奇蹟般的事情。

我從十二年前開始聽各種商業與靈性講座，範圍不限於日本，甚至還跨足國外，簡直就是一隻到處參加講座的無頭蒼蠅，苦苦追尋某個方法。總覺得說話方式和行為舉止都不再是原來的我。

※根據修・藍博士本人的意思，直接刊登分享者的原文。

自從十二年前看了喬．維泰利的書之後，我就決定要用靈性的方法取得事業成功。但不知為何就是不順利，於是我想肯定還有其他更好的方法，不斷往外尋找。

某天，我的身體突然出狀況，明明前一天還到國外進貨，一時之間竟頭暈目眩，連站都站不穩，根本沒辦法獨自外出，變得和以前完全不一樣，擔心自己該不會是得了什麼重病。每當我想到這裡，思考就變得越來越負面。但無論怎麼檢查，我都被告知身體非常健康。

有天我在雜誌上的文章得知荷歐波諾波諾，之後接觸了「夏威夷祕法」，便馬上報名講座。我當時的身體狀況非常差，因此我不假思索、沒有懷疑，只是反覆唸著「我愛你」「對不起」「請原諒我」「謝謝你」。

結果，我到現在還清楚記得，身體突然就恢復健康，家人都大吃一驚。這時我腦中突然閃過一件事：官網上寫著一經報名，資料就會寄送到夏威夷，開始清理——這個時間點剛好是講座開始前一週。

擺脫長達八個月原因不明的身體不適，光是這樣就稱得上效果卓越了，但不只如此，我該做的事情還接二連三來到眼前。

接著我參加了荷歐波諾波諾的商業課程，雖然這時病好了，但之前因為身體出狀況，不得不取消工作，資金調度因此出問題。當時幾乎已經捉襟見肘，就在這時靈感突然閃現，「對了，去向銀行貸款好了。」「節省不必要的開銷吧。」

我打算搬到房租較便宜的房子，便和叔叔商量，請他讓我暫時將家當寄放在他家，沒想到叔叔說「你就住下來吧」，直接把他當時住的房子借給我住。

叔叔的房子遠比我當時住的還大、還漂亮。叔叔搬到別的地方住，連停車場也一起免費借我用。一想到當時我已經處於四面楚歌的狀態，就覺得這件事真的像奇蹟一般。

想必只要持續清理、順從神性智慧的指引，一切都會往正確的方向發展。我深切明白，眼前所見都來自自己的記憶。

之後我腦海裡浮現從事時尚顧問的想法，但不知該從何做起。就在這時有個朋友來找我，聽我訴說構想後，有條不紊地幫我釐清想法，做成一本簡介。

後來我在荷歐波諾波諾的商業課程認識一位女性，她從事的工作簡直跟我想做的事不謀而合，還給了我事業上的建議。

正如修・藍博士說的，撰寫創業計畫書時不必用頭腦苦苦思索，只需清理就能被引導到對的事業方向。

我現在開設兼顧女性內在與外在的時尚顧問及幸福說話術講座，這項事業是在上述的兩週內規畫出來的。我對接下來的發展滿懷期待。

現在的我，捨去看過的大量書籍與講座，只要有荷歐波諾波諾便已足夠。能遇見荷歐波諾波諾真是太好了。既簡單又能自行實踐，不需要仰賴他人。再也沒有這麼棒的方法了。

在此致上我由衷的感謝。

第六章

來自神聖存在的指引

只要清理，
神聖的存在就會指引我們。

只遵循靈感而行，忘卻意志

這個世界上存在看不見的巨大力量，那就是向我們灌注愛的神聖的存在。我們在日常生活中不經意感受到的靈感，也是來自神聖存在的指引。

世上有許多人擅自認定「我沒有靈感」。也有人認為，與其仰賴看不到的東西，憑藉意志行動才值得稱道。正因為靈感是股看不見的力量，因此經常受到誤解。人們往往認為，只有極少數的特殊之人才擁有陰陽眼、透視等靈能力。

我們每個人都能感覺到靈感。你之所以會看這本書，也是出於靈感。也許你是在書店發現這本書，拿起來閱讀，也可能是朋友推薦給你的。無論如何，你都是遇見了這本書後，受到吸引才拿起來閱讀的吧？這個受到吸引的感覺就是靈感。如果你在看了本書後，知道清理記憶的方法，透過實踐而擺脫痛苦，是不是就像神聖的存在送給你的重大禮物？

靈感會化為一股力量，實現你在無意識間的願望。就算是不相信奇蹟的人，奇蹟也會出現在他身上。不過，當你迫不及待地期盼奇蹟發生時，靈感是不會降臨的。一旦有意識地期盼在潛意識中實現願望，就會產生新的重播記憶，反而會造成反效果。

這就是靈感降臨的運作原理。當某個人對自己內在的記憶說「謝謝你」「對不起」「請原諒我」「我愛你」，進行清理，存在潛意識中的尤尼希皮里就會開始理解自己是被愛的。基本上，尤尼希皮里是讓記憶重播的存在，因此你在不停清理記憶的同時，也要記得持續感謝尤尼希皮里，對它說：「謝謝你讓我察覺到記憶的存在。」

你該做的只有這個。不必思考其他事物，只要持續單純地清理。**請清理「好想變成這樣！」「好想擁有那個！」等欲望。如果你的內心處於無欲無**

求、歸零的狀態，靈感勢必會化為禮物，降臨在你的身上。

如果能將日復一日的清理加入每天的節奏，你就不會再鑽牛角尖或卯起來解決問題。置身自然的流動中，明明沒做任何努力，卻能感受到各種問題平息下來並回歸該有的位置，感受到神聖的存在的偉大。雖然我們無法掌控任何事物，卻有辦法清理潛意識的記憶。

請不要固執地認為靈感根本不存在，直接開始清理吧。你要做的，只是清理而已。

不必想盡辦法取得成果，
也不必苦苦追求成效。
神聖的存在自會替我們消除記憶。

清理是一項永無止境的工作嗎？

每當我們遇到問題，自然會期盼事物盡快朝好的方向發展。可是，就算平時持續清理，如果太急著追求成果或效果，這份急切的念想又會創造出新的記憶。

那麼，到底要持續清理到什麼時候呢？我彷彿能聽到有人提出這樣的疑問，還有些人會覺得「好麻煩」。其實，如果用負面意義來看待清理，那就太可惜了。

一項驚人的數據顯示人類的潛意識領域有多麼龐大：如果我們用意識思考的單位是一位元，用來推動我們言行舉止的潛意識的記憶就是一千一百萬位元。明明我們受到一千一百萬位元的記憶操控，卻只能察覺其中的一位元。由此可見，人類的生活是如何被自己無法察覺的記憶玩弄於股掌間。總之，我們的潛意識連結著遠早於我們出生前便存在的、從這個世界誕生開始累積的龐大記憶。

既然如此，就需要持續不斷地進行清理。重要的不只是清理的結果，在持續清理的過程中，你的心會一點一滴出現變化，這才是最難能可貴的。

有時候需要花點時間才能歸零或接收到靈感，但只要進行清理，就能馬上改變任憑記憶堆積的生活方式——這本身便有極大的意義。因此如果把清理看成是一件沒有成就感、很麻煩的事，可就說不通了。清理本來就和吃飯、走路、睡覺，甚至是呼吸一樣，對你的人生來說不可或缺。

請將一切全交給神聖的存在，養成習慣用正向的心情進行清理。這麼一來，你會確實出現改變，想必會讓你每天內心都平靜到令人驚訝的地步。

尤尼希皮里知道，
問題出自潛意識裡的哪些記憶、
應該消除哪些記憶。

每個人都有與生俱來的角色

這個世界上沒有兩個人的人生是相同的。每個人都在各自的人生中，透過經歷形形色色的事物扮演著各自的角色。如果把我們生活的這個世界比作神聖的存在所創造的舞臺，我們每個人都是演員，扮演著各自的角色。既無法找人代演，也無法抗拒被賦予的角色。

舉個例子，假設有一類人的人生以鋼琴為主題，其中有些人是成為鋼琴家，有的則是成為鋼琴老師。偉大的鋼琴家未必能成為培育優秀鋼琴家的鋼琴老師；反過來說，傑出的鋼琴老師也不可能成為知名的鋼琴家，在個人獨奏會上享受觀眾如雷的掌聲。可是，要是覺得其中一方的地位比較高，那就不對了。

也許你瞧不起某些人做的工作，自己才不想做那樣的工作。和這些人相較之下，覺得自己的工作還算不錯。不過，這樣做是管太多了。也許對當事人來說，這份工作就是無可取代的。再說，其實只要拚盡全力投入，無論怎樣的工作都是神聖的工作。是記憶從中作梗，讓你沒辦法這麼想而已。

儘管如此，為什麼每個人對工作的感覺都不相同呢？這正代表每個人都被賦予各自的角色。因為人們都演繹著各自的記憶，因此記憶便形成了不同的價值觀。

經常有人不斷投入無止境的追尋自我旅程。過度追求和現在的自己不同的、真正的自己，會變得無法感謝眼前的幸福，內心累積越來越多的不滿。有的人只關心別人怎麼看自己，無法對工作本身懷抱熱情；也有人只是為了薪水才做，感受不到工作的意義。這些人的內心蒙上了虛榮和欲望，阻礙了靈感降臨。之所以無法對賦予自己的工作抱持感謝的心情，問題不在工作上，而是因為你並不愛這份工作。

這樣的人過度追求內在記憶創造的理想工作，察覺不到自己的錯誤。其實人生之所以不順利，正是因為強行採取違背自己角色的生活方式，卻仍舊不停追逐現實中不存在的青鳥。

如果你心裡有點頭緒了，事不宜遲，請馬上對現在的工作說：「謝謝你，我愛你。」只要持續清理，就會逐漸理解自己被賦予怎樣的角色。

請下定決心採取屬於自己的生活方式，清理心中的雜念，不去欣羨別人的人生、追求不適合自己的生活，也不與他人比較而陷入焦慮。

這麼一來，你就能看出這份工作究竟是否適合你。如果現在做的工作適合你，靈感就會替你安排下一步發展，迎接新的轉機；假如不適合，也會自然發展為離職的結果。即使是走到離職一途，只要是依循神聖的存在傳遞的靈感，你就不會受到傷害，能夠神清氣爽地迎接新工作。

我們必須說出「請原諒我」。

藉由獲得原諒，才能找回自我。

什麼都不用多想，只需在心裡說「請原諒我」

荷歐波諾波諾帶來的奇蹟，是讓錯誤的記憶瞬間轉化為LOVE，也就是愛。

只要唸著「謝謝你」「對不起」「請原諒我」「我愛你」來清理，就能消除潛意識裡的記憶，收到神聖的存在傳來的靈感。這一點已經反覆強調過了。

不過，為什麼要說「請原諒我」？有些人會特別在意四句話中的「請原諒我」，擔心是不是自己過去做過什麼壞事，所以才要求得原諒。

其實，並非因為你做過什麼壞事。但是內在重播的記憶，涵蓋我們自宇宙誕生開始無數次轉世的過程中烙下的記憶，因此我們並不知道事物無法順利運作，原因究竟是來自哪個記憶。我不會替來找我諮詢或接受療法的人們進行心理諮商，原因就在這裡。潛意識的記憶比意識的記憶多一千一百萬倍，我不可能明白是其中的哪個記憶使眼前的這個人苦惱。這時若能說出「請原諒我」，也能覆蓋掉無意識間在潛意識中重播的「必須乞求對方原諒才行」的記憶。

此外，當你因人際關係而苦惱時，請理解為：在對方身上感受到的討厭的部分，也存在於自己的內在。這時首先要唸「請原諒我」，清理存在自己內在討厭的部分。

這麼一來，對方令你討厭的部分也會跟著消失。「請原諒我」這句話並非是對討厭的對象說的，而是為了讓自己的靈魂成長，對自己內在的尤尼希皮里說出這句話。

我一般會建議人們，在產生嫉妒與占有欲等心情時，對著這份心情進行清理，但有些人在這種情況下實在說不出「嫉妒啊、占有欲啊，請原諒我，我愛你」。希望這樣的人可以想想耶穌說的「愛你們的仇敵」，這裡的仇敵就是指記憶。如果這樣還是有抗拒感，請你對尤尼希皮里說「我不知道為什麼我們會為嫉妒和占有欲所苦，但是讓我們一起克服吧」，持續用四句話清理。

總之，當我們獲得神聖的存在原諒，就能邁入不受記憶操控的歸零狀態，唯有這時才會明白問題的原因在自己的內在，才能找回原本那個單純的自己。

第七章

關於歸零

成為真正的自己那一刻，
你會處於好的意義上、空空如也的狀態。
當你化為零，才能找回純粹，
回歸原本的樣貌。

愛時時傾注在你身上

荷歐波諾波諾認為，人們的目標是透過清理而擺脫記憶的束縛，成為懷抱愛的存在。為此，神聖的存在時時刻刻對所有人灌注滿溢的愛。也許有時候你看到有錢人或成功人士，會覺得上帝真不公平，但其實人人都是平等的，有的人沒錢卻有富足的心靈，有的人工作上沒有輝煌的成績，卻擁有美滿的家庭，人生過得充實又豐富。

不過，大多數人並未察覺這份神聖的恩賜，不是嗎？正因如此，才需要清理。清理能讓我們感覺到神聖的存在傳遞的靈感。而這一刻，我們也將確信自己身上一直被灌注著愛。

內心受到記憶的影響而蒙上陰影的狀態，並不是原本的自己。憂心忡忡想著要是發生這樣的事該如何是好，或是沒自信、覺得自己根本辦不到，抑或自暴自棄地認定反正怎樣都不會成功……記憶創造了這些毫無根據的情緒，許多人都被牽著鼻子走，陷入人生的迷宮。但是，「我想這麼做」「必須這樣才行」都是「重播」的記憶。當別人傷害你的時候，在你心中喃喃低語「一定要還擊才行！」的聲音，是你的記憶投影出的現象。唯有歸零，才能明白你真正需要的是什麼。換句話說，當你還抱有「想這樣做」「想那樣做」的欲望時，表示還沒進入歸零的狀態。當你進行清理後，潛意識中重播的記憶以欲望的姿態現身時，請再接著清理。一是清理，二是清理，三還是清理。

也許有人會以為，進入歸零狀態將喪失知識與理性，處於空洞茫然的狀態，但其實歸零時，神聖的存在會給予你需要的一切。如果神聖的存在告訴你「投入這項事業吧」，帶你進入這樣的流動中，便會一併給你投入這項事業所需的金錢。但話說回來，假如不歸零、找回單純的自己，甚至無法得知真正適合自己的是什麼。

如果你還無法感受到由神聖的存在傳來的愛，請立刻開始清理。對著妨礙你察覺到愛的記憶，在心裡說著：「記憶啊，謝謝你、對不起、請原諒我、我愛你。」

每個人都有很難克服的記憶，但最重要的是絕不放棄，持續和記憶對峙。請持續清理潛意識中的記憶。神聖的存在賜予我們的，不是駁倒別人、滿足欲望之類渺小的滿足感，而是龐大的愛。我們要做的是，替自己人生中的各種問題承擔責任，進入歸零的狀態。

零是不存在時間的世界。
因為時間不存在，
也就沒有區分事物的邊界，
沒有執著、不被束縛，
是一個完全自由的世界。

愛的力量與世界合為一體

想像一下，內心歸零是怎樣的狀態？零是一個不存在時間的世界。沒有畫分人生的界線，空間無限寬廣，也沒有物質與金錢的概念。零的狀態就是佛教說的無我境界，是一個完全自由的世界。

我們何時會對人生感到畏懼？我想應該有許多人會回答年邁衰老、死期將至的時候，或是罹患重病感受到死亡不遠之時，總之都是因為感覺人生面臨終結，自己即將消逝而產生恐懼。這也是記憶的一種。倘若明知如此，卻還是懼怕時間的流逝，那便是因為我們的內心深處重播著「死亡好可怕」的記憶。

但是，其實我們不必恐懼死亡。我們都是在神聖的存在創造的舞臺上演出的演員，只是藉由死亡結束我們這一幕的戲分而已，戲碼還會永遠持續下去。

死亡讓我們與今生的肉體告別，而靈魂將永遠活下去。只要透過清理來清除懼怕死亡的記憶，應該就能明白這一點。我們每個人的體內都有靈魂，看似是孤立的存在，但其實靈魂都是一體的。我們的肉體死去後，靈魂會化為光，彼此合為一體，回到神聖的存在那裡，回到歸零的狀態。

著手清理吧。「謝謝你」「對不起」「請原諒我」「我愛你」這四句話對於消除潛意識中的所有記憶，以及打開你的心扉是不可或缺的。透過清理接收到神聖的存在傳遞的靈感後，也別忘了從你的內在釋放愛。帶著愛的你，身上圍繞著一層美麗的氣，這股氣會影響周圍的人們，你的身邊將立刻凝聚一股愛心能量，結合成一個意識，這該多麼令人安心啊！

沒有人是獨自活著的，也沒有人會因死亡而變成孤身一人。只要透過清理了解這一點，內心就不會再受到流逝的時間束縛。這麼一來，對死亡的恐懼想必也會煙消雲散。

透過清理，
覺察到專屬於自己的香格里拉。

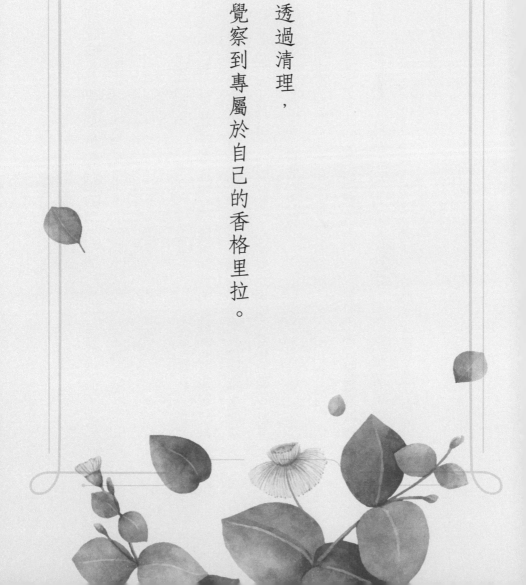

內在歸零時，樂園就會顯現

有人畏懼死亡，有人則覺得活著很痛苦，抱著悲觀的心態，認為死了反倒輕鬆。人生中確實存在創造出各式各樣問題的記憶，讓你陷入無路可退的境地，想像自己在名為孤獨的沙漠中四處徘徊，心情無比絕望，感覺這簡直就是人間煉獄。

可是，那些哀嘆人生像是人間煉獄的人，沒有發現人生不順利都是自己造成的。「反正我是無法幸福的」的記憶占據了內心，引發現象，導致問題產生；這時又因為「都是那個人的錯」的記憶，使你不去反省問題究竟出在哪裡。這麼一來，靈魂便無法成長，開始覺得自己到底是為什麼要誕生在這個世界上，也是再正常不過的結果了。

如果能醒悟，發生在自己身上的事物，百分之百是自己的責任，人生就會頓時好轉起來。只要腦海閃過「對了，只要改變自己就好了！」的念頭，可以說就已經差不多脫離地獄了。接著再透過清理，便能徹底逃脫地獄，甚至能創造樂園。

樂園是斬斷一切煩憂，快樂自在的地方。樂園一詞也可以替換成天堂、天國等詞彙。住在樂園的人們不被記憶牽著鼻子走，光是存在此刻便感到充分滿足，擁抱真切的幸福。

不過，我聽說很少有日本人「對現狀感到滿意」，總是看著更高的地方，想上更好的學校、做更好的工作、賺取更多的收入、過上更奢華的生活。有上進心不是壞事，但這裡的關鍵是，那些無法滿足於現狀、始終想要追求更多的人們，究竟是否確實觀察並充分掌握自己的心。遺憾的是，這些人在我眼裡就像把心拋在某處，急急忙忙跳上特快車一樣，他們甚至不知道要前往何處，只是不停奔跑，把自己累得半死。其實他們應該換搭每站都停的列車，欣賞沿途景色，更重要的是要先想想怎樣的生活方式最適合自己才對。

清理的最大目的是消除潛意識中的記憶，為此就應該特別設一個時間專門用來清理，找回從容不迫的心靈。**如果一個人的心靈處於真正富足的狀態，不需焦頭爛額忙得半死，就能獲得良好的人脈與有成就感的工作，與此同時金錢也會跟著來到身邊。**

因此我建議大家清理。希望各位能明白，只要透過清理消除潛意識中的記憶，就能創造出內心的樂園。但是，請不要抱著拚命努力的感覺來清理。因為「努力是很辛苦的事」的潛意識又會化為新的記憶，這樣清理就沒有意義了。讓清理就像是呼吸一樣自然，將這樣的清理變成生活的一部分吧。假如你發現一不清理人就怪怪的，就是很好的跡象，表示你心中的樂園正逐漸擴展。

疾病是清理的訊號。

消除生病的記憶

前面的篇章已經說明，我們每個人都像是演員，扮演著各自的角色。換句話說，活著就是在演繹記憶。那麼，這句話到底是什麼意思呢？

舉例來說，假設你生病了，這表示你正在演繹生病的記憶。生病很難受，於是你自然會大失所望地想，「為什麼要給我一個生病的角色啊？」我能理解這樣的心情，但其實生病的你該做的事情是清理。雖然不知道是你內在的什麼記憶引發疾病，但你只需對尤尼希皮里說「謝謝你」「對不起」「請原諒我」「我愛你」，進行清理而消除記憶，就能自動消除生病的角色。

不過，只有這樣可能還不夠。有時會有為疾病所苦的人來找我，我做的不只是建議對方清理，還會透過清理來消除自己潛意識中「這個人生病了」的記憶。因為即使對方的意識認為是來找我諮詢疾病的煩惱，實際上卻是知道我的潛意識中存在著使自己生病的記憶，所以特地給我這個機會清理。

不光是我，每個人都會在人生中遇見形形色色的人，任何場合的相遇都是有意義的。更進一步說，**每個人和各個相遇的人之間，都處於「必須彼此清理」的關係**。就算是在路上被對方踩到腳的關係，也請你理解為：這是潛意識為了讓我們雙方清理，才讓我們在茫茫人海中碰上。

即使是擦肩而過的路人，也是因為潛意識的記憶使我們相遇，所以像是家人、夫妻、朋友、工作夥伴等近在身邊的人，彼此的緣分更是深厚，可以說處於雙方每天都必須清理的關係。

一個人內在的記憶總是與其他存在有所連結。一旦你進行清理，不光是能消除你自身的記憶，發揮出原有的能力，還能帶給其他人正面的影響。荷歐波諾波諾認為只要對著自己清理，周遭的環境也會自動跟著調整到良好的狀態，其根據就在這裡。

人們會說「與疾病抗戰」，也經常使用「戰勝病魔」這個用語。但是，疾病並非是我們戰鬥的對象，而是催促我們清理的訊號。不要因為疾病而變得神經質，請你理解，疾病是讓我們有機會迎接歸零的狀態，扭轉人生，讓自己活得充滿生氣。請你清理形成疾病的記憶，並接著持續清理，前方的道路便會向你展開。

不管發生什麼事、
處於何種狀況，
都要持續清理。

修・藍博士郵件的簽名檔「POI」是什麼意思？

我撰寫電子郵件時，都會在最後打上「POI」。這句話是「Peace of I」的縮寫，意思是「我的平靜」，也就是不受任何事物影響、完全平和的內心狀態。在日常生活中隨時留心POI，是非常重要的。

如果沒有經常清理，記憶就會趁虛而入，妨礙我們做出正確的判斷。

舉個例子，當一個人的記憶重播著「沒錢會很痛苦」的時候，對貧窮會懷有恐懼。但沒錢真的很不幸，有錢就會幸福嗎？認為貧窮很可怕的人，會戴著「窮人好慘」的有色眼鏡看世界。一樣的道理，你看到的一切，也是透過你自身的記憶看到的景象。你的尤尼希皮里讓你透過人生的景象，明白你該清理什麼。

假如你在通勤的路上遇到色狼、被醉漢糾纏、撞見車禍或火災，代表被醉漢糾纏、撞見車禍或火災的記憶正在重播。因此，在前往某個目的地之前，必須先行清理。

當你在工作上不得不與討厭的客戶接洽時，表示對方是特地來讓你看到內在的苦惱。至於那些本身的工作內容就是消除人們苦惱的人，例如客服人員、心理諮商師、醫師、護理師、推拿師等，也是一樣的道理，客戶都是特地來讓你看到你的記憶。

活出真實的自己，便能發揮原本的能力，盡情揮灑人生，而且方法十分簡單。就只是對尤尼希皮里說「謝謝你」「對不起」「請原諒我」「我愛你」，消除潛意識中的記憶而已。

荷歐波諾波諾是個讓任何人隨時都能自行解決自身問題的實用方法。半信半疑也好，不相信也無妨，希望你能開始著手清理。

我自己也持續對著這本書，以及對閱讀本書的各位讀者清理。感謝各位透過這本書與我相遇，給我清理的機會。

好了，現在輪到各位開始清理了。只要你歸零、找回原本的單純，就會出現奇蹟。我由衷祈禱，能夠有更多人實踐「荷歐波諾波諾回歸自性法」，踏出邁向美好人生的第一步。

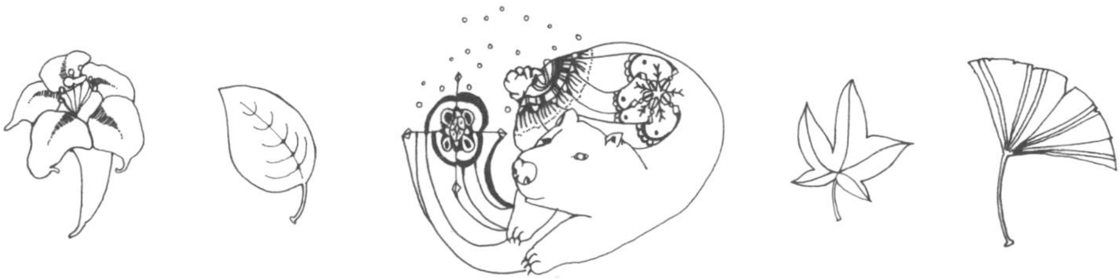

第七章　關於歸零

荷歐波諾波諾 Q&A

Q 「謝謝你」「對不起」「請原諒我」「我愛你」這四句清理的話都要說，不然就沒有效嗎？如果是，一定要按照順序說嗎？

A 不需要四句話全說，也不必拘泥於順序。順帶一提，我覺得「我愛你」這句話本身就包含了「謝謝你」「對不起」「請原諒我」，所以我都只唸「我愛你」。

另外，有的人一開始很緊張，只說得出「對不起」，即使如此依然有效。

Q 說這四句話的時候，是不是發出聲音效果更好？

A 並沒有這樣的規則，請依循自己的靈感來說即可。不過，如果在安靜的公共空間唸出聲音，很可能讓周遭的人們感覺不舒服。所以我基本上都建議大家在心裡默唸。

Q 早上、中午、晚上，哪個時間進行清理比較好？

A 隨時都可以，養成習慣才是最重要的。也可以規定自己，每當焦躁不安、因為別人說的話而感到憤怒、被悲傷籠罩的時候，就固定唸這四句話。一旦養成清理的習慣，只要一有時間就會自然唸起清理的語句。尤尼希皮里總是在看你是否認真清理。如果你持續認真清理，尤尼希皮里自然會記住清理的方法，替我們清理。

Q 唸非常多次，會加速消除記憶嗎？

A 不會。消除記憶的關鍵不在清理的次數，而在於永遠持續下去。記憶總是不停累積，在我們意識到之前就先重播，把我們牽著鼻子走，所以只要活在世上，就不可能有再也無須清理的一天到來。

Q　我需要帶著感情去唸清理的四句話嗎？

A　不用。不只如此，甚至不相信清理會帶來奇蹟也無妨，只要機械化地用刪除電腦資料的感覺來做就好。抱著「試試看，沒效就算了」的心情也沒關係，重點是「Just do it !」。

Q　清理的時候，要在心裡想像什麼嗎？

A　不必想像。有些人有誤解，以為想像理想中的自己或想要的東西，比較容易將心意傳達給神聖的存在，但其實欲望與期待都源於記憶。如果不放下一切而歸零，神聖的存在就不會傳遞靈感過來。

Q　我清理沒有效果，心裡非常著急。

A　是記憶造成了著急的情緒。不必著急，請先清理著急的記憶，讓內心平靜下來，同時也清理你內在期待的記憶。

Q　要怎麼確定是否處於歸零狀態？

A　歸零時沒有外顯的特徵，沒辦法用肉眼看出來，只能感覺到。如果進入歸零的狀態，就能感受到神聖的存在傳來的靈感。

Q　有什麼特別適合日本人的清理方式？

A　基本上清理方式是全世界共通的，不過當我來到日本時，感覺到銀杏葉具有療癒的靈感。而每當感覺自己變得一直分析、愛講道理的時候，我會嚼嚼GREEN GUM（譯註：鮮綠薄荷口香糖，日本的老牌口香糖，添加葉綠素使外觀呈綠色）。GREEN GUM也是日本能協助靈感降臨的清理工具。再來就是蝦子。日本人經常吃蝦，蝦子能消除「遺忘事物」的記憶，也就是阿茲海默症的記憶。

神聖的存在擁有寬大的包容度，不拘泥於清理工具的種類，因此關於清理工具沒有任何生硬的規定。許多人在消除記憶後，在某些事物上（例如香草冰淇淋、藍莓等）能感覺到靈感，於是擁有專屬於自己的獨特清理工具。

荷歐波諾波諾

三方對談

「人類至今揹負的所有煩惱，
全都有辦法解決。」

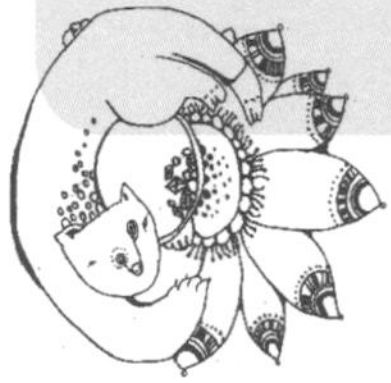

西川桃子

三十多歲的上班族，大多數的困擾來自人際關係的問題，同時也發覺自己過於脆弱，無法從父親去世的悲傷中走出來，因此想透過荷歐波諾波諾解決心靈上的問題。

三浦奈奈

四十多歲，已婚，自由插畫家。深受丈夫的惡言相向所苦，在尋找解決之策時，接觸到修·藍博士的著作，便持續清理。

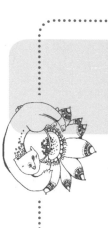

我能用清理
來控制丈夫的家暴行為嗎？

西川　修・藍博士，很榮幸能見到您，直接和您對話！

三浦　真的就像做夢一樣！參加講座的學員都說，一進入會場就能感受到修・藍博士的氣，光是這樣就被療癒了，我現在感覺整個人也變得開朗起來。

修・藍　自從決定舉辦這次的三方對談，這段時間我持續清理兩位的名字和出生年月日。不單是針對

兩位意識裡的記憶進行清理，還追溯到祖先累積的一切記憶。我們今天會像現在這樣面對面，絕非偶然。人們習慣用「有緣」來形容人與人的相遇，其實這是「清理的緣分」。

三浦　夫妻也是嗎？

修·藍　是的。

三浦　和結婚對象相遇，也是為了獲得清理的機會。

西川　咦!?結婚不是為了得到幸福嗎？我一直覺得結婚對象就是讓自己幸福的命中注定之人。

修·藍　這個世界上不存在命運，只存在記憶與靈感。結婚

就能幸福的這個想法，也是記憶造成的。如果不處於歸零的狀態，就無法接收神聖的存在傳來告訴你「這個人是否是適合自己的對象」的靈感。

西川　所謂的歸零，應該就是放下「丈夫能帶給我經濟上的穩定」「只要有配偶就不會寂寞了」之類的盤算與期待。

只要持續清理，來到身邊的都會是適合自己的人。（修・藍）

修・藍　所以，每次認識新的男性時，都必須透過清理來消除記憶。我都建議單身女性在與他人相遇前，就先清理記憶。只要持續清理，來到身邊的都會是適合自己的人。

三浦　已經結婚的話，是不是來不及了？

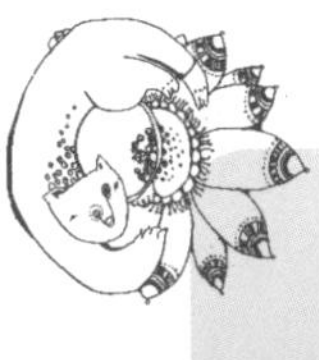

其實我丈夫一直對我惡言相向，讓我很煩惱。我已經受夠了動不動被他罵「混帳東西」「蠢女人」，我做的每件事他都會破口大罵「粗魯死了」「沒教養」，現在總是擔心受怕，處處看他臉色。

西川　好過分！這種男人真是不可饒恕。

三浦　說出來很難為情，自從他對我說「你這傢伙根本算不上是女的」之後，我就變得很執拗，從此沒有性生活。我們談戀愛時他滿體貼的，是我哪裡有問題，他才變成這樣嗎？清理也能讓丈夫不再口出惡言嗎？

修・藍　不必責怪自己，也不必找出答案，只要重複說這四句話，進行清理。

請對潛意識說，我愛你。（修・藍）

西川　我覺得三浦沒有錯，問題出在她的丈夫，就算這樣她也必須道歉嗎？

修・藍　這四句話不是對丈夫說的，而是對自己內在的潛意識說：「謝謝你、對不起、請原諒我、我愛你。」

三浦的丈夫口出惡言，是三浦潛意識中「丈夫對我口出惡言」的重播記憶所致，潛意識的記憶從宇宙誕生起累積至今，數量龐大，所以我們不可能看出問題是來自哪個記憶。

雖然我們不知道到底是哪個記憶造成這樣的現象，但只要對潛意識說「我愛你」就好。

三浦　只要我單方面清理就好了嗎？

修·藍　當然。因為是你的記憶重播，丈夫惡言相向是來自你內在重播的記憶，所以必須將這件事視為自己的責任，清理自己的記憶。

三浦　有為數眾多的女性都遭受伴侶家暴或惡言相向，她們一直盼望男方改變，但就實際狀況來看，應該很難讓情況好轉吧？

修·藍　問題不在丈夫，在記憶。丈夫的內在鍵入了暴力的記憶。這份記憶可能是來

自過去他對女性的厭惡感，也可能是這輩子形成的，對母親的心理陰影。無論如何，都請由你來清理。

三浦　進行清理，消除「為丈夫惡言相向所苦」這個阻礙神聖的存在傳遞靈感的記憶，是否就能解決我的煩惱？

修・藍　假設你現在將這個房間的燈關掉，這樣我們就會置身於黑暗當中。

但是，如果你重新把燈打開，我們又能照到光線了。

一樣的道理，只要你進行清理，進入歸零的狀態，就會帶給周圍巨大的影響。藉由你的清理，你的丈夫也會接收神聖的存在照來的光芒，自然而然察覺到，自己必須改善口出惡言的狀況。只是你要記得，清理不該抱任何期待。

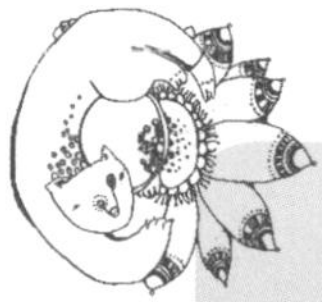

現在我很猶豫，是要努力維繫婚姻，還是離婚，為工作而活？

三浦　我看了修．藍博士的書，了解清理記憶的重要後，便一直提醒自己實踐。但每當我因為丈夫出言辱罵，導致內心紊亂、情緒化，總會不小心忘記清理。

修．藍　內心被情緒占據，忘記重要的事物，這也是記憶造成的嗎？是的。如果你在丈夫口出惡言的當下實在很難保持冷靜，可以趁他睡覺時，對著他說：「謝謝你出現在我的人生裡。我愛你。」

三浦　咦!?丈夫睡覺時，我一直以來心裡想的都是「我絕對饒不了你！」之類的負面念頭。

猶豫和煩惱都是沒有意義的。
如果有這個時間，不如動手清理。（修・藍）

修・藍　睡眠時意識會沉睡，這時比較容易接觸到潛意識，所以如果你在丈夫睡著時對他發洩負面情緒，丈夫就會對你的負面情緒產生反應。

三浦　反過來說，如果這時對他說清理的話，就能讓他不再口出惡言了嗎？

西川　可是，清理不是對你的潛意識做的嗎？我又想再問一次剛才問過的問題，為什麼必須對丈夫的潛意識說「謝謝你」？

修・藍　耶穌說「愛你們的仇敵」，這句話的意思是「仇敵並非

攻擊你、惹怒你的人，而是你內在的記憶」。因此，這個對象並不是丈夫，而是要詢問自己的潛意識：「是自己內在的哪個記憶如此怨恨丈夫？」並且反覆唸著四句話。接下來，你的尤尼希皮里就會替你消除造成眼前問題的記憶，所以你不必自己尋找這個問題的答案。

三浦 總之，我現在很猶豫，不知道是離婚好，還是該想辦法改善情況，結果都沒辦法專心工作。

修・藍 猶豫和煩惱都是沒有意義的。如果有這個時間，不如動手清理。這麼一來，自然會形成適合你的流動。

西川 三浦不必費盡千辛萬苦，只要進行清理，就能避免走到離婚這一步嗎？

修・藍 也許進行清理、消除記憶後，依循神聖的存在所傳遞的靈感，會讓你判斷離婚是比較恰當的選擇。

即使如此，三浦也不會因為離婚一事蒙受打擊，甚至還能鬆一口氣。

三浦 其實我也擔心離婚後工作是否能順利，有經濟上的疑慮，所以才遲遲無法下定決心離婚。

修・藍 如果形成的流動認為你適合為工作而活，為此所需的人脈與工作就會千里迢迢來到你身邊。

重要的是清理「想要變成有錢人」「想要取得事業成功」等欲望，進入歸零的狀態。無論如何，現在的你能做的只有清理。

要怎麼走出父親去世的陰霾？

西川 每次我發生難過的事情時，例如和母親吵架、工作上出狀況等，總是神經質地想著「要是父親還活著就好了」，始終無法從父親離世一事中振作起來。因為以前每當我有什麼事，父親就會站在我這邊。

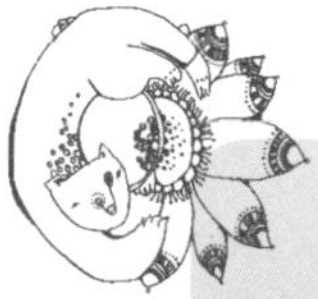

父親是罹癌去世的，當時我忙於工作，趕到醫院後為時已晚，沒能見到父親最後一面，這件事也讓我很懊悔。

三浦 令尊是什麼時候過世的？

西川 五年前左右。

修·藍 你要清理潛意識中「父親去世我好難過」的記憶，以及「父親嚥氣時我沒有待在他身邊，真的很不應該」等過去的記憶。

舉個例子，有名參加過講座的女性，兒子突然因為蜘蛛膜下腔出血去世。她送了兒子最後一程，並沒有陷入被害妄想，去想：「明明我一直都

有清理，為什麼還會遭遇這樣的悲劇？」不只如此，她還說得出「謝謝你」。

這是因為她理解到，今生會和兒子相遇，是因為前世未能確實「道別」，所以她有辦法向神聖的存在表達感謝。

西川 我始終想依賴父親，是因為我的內心太軟弱了嗎？

修·藍 不用去分析為什麼，或是用道理來說服自己，只要清理就好。可以唸四句話，也可以喝藍色太陽水，或使用其他的清理工具。總之，記憶會在我們察覺到「得清理才行」之前，就向我們搭話，所以我們必須隨時進行清理。

三浦 我可以在走路和搭車時清理，但是要隨時保持清理的狀態，你們都是怎麼做的？

修·藍 只要告訴自己的潛意識清理的方法就好了。這樣一來，甚至連我們睡覺的時候，它也會自動替我們清理。

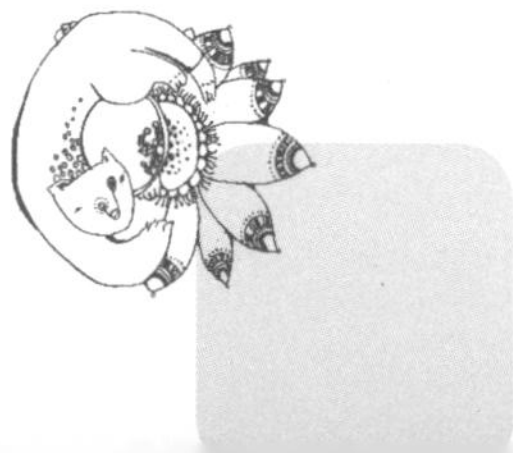

清理可以治好憂鬱症嗎？

西川　我的想法總是很悲觀。我是做商品開發的，每當我設計的產品銷量不好，就會非常沮喪，感覺別人會把我貼上沒用的標籤，一想到要去上班就有一萬個不願意。

我看了身心科一段時間，雖然覺得是憂鬱症，但很抗拒用藥，還是想自己克服。清理可以治好憂鬱症嗎？

修・藍　你要清理「認定這是憂鬱症」的記憶。

西川　我也感覺自己在職場上的人際關係很不好，畢竟同事都是競爭對手，沒辦法和他們訴說工作上的煩惱；再加上我的主管好像討厭我，工作能力明顯不如我的人反而受到賞識，讓我氣不打一處來。

我總是在苦思許久後，自暴自棄地覺得「算了啦，不重要」。

修・藍　這不是你的錯，也不是同事的錯，一切問題的原因都是記憶。記憶位於你的潛意識中。

莎士比亞曾說：「你要選擇自由，還是選擇困苦？」這也是我想問你的話。如果你不想選擇困苦，現在就要馬上開始清理。

就算唸的時候不帶感情也無妨，只要機械化地在心裡唸「我愛你」就好。（修．藍）

西川　不知道是不是我太講求道理，我有個疑問，只是對自己內在的潛意識說「謝謝你」「對不起」「請原諒我」「我愛你」，真的就能解決問題嗎？

三浦　一開始我也覺得這個方法太簡單了，真的能消除記憶嗎？但是持續一段時間後，發現做起來還真不容易。

修．藍　不分析其中的道理，就無法清理嗎？

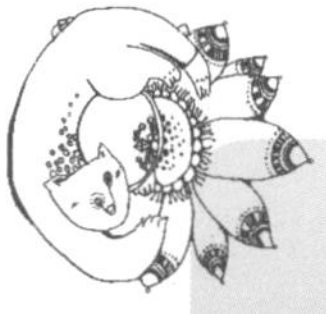

就算唸的時候不帶感情也無妨，只要機械化地在心裡唸「我愛你」就好。如果實在做不到，那真的太可惜了。與其滿腦子被害妄想，讓自己悶悶不樂的，進行清理來解決問題，做起來要快得多了。我總是強調「去做就對了」「Just do it！」。

產品銷量不好也是記憶造成的嗎？

西川　我開發的產品銷量不好，也可以理解為記憶造成的嗎？

修・藍　以前有位擔任電臺DJ的女性問我：「怎樣才能讓我的節目大受歡迎？」當時我也是回答：清理。

「在你每次做DJ說話之前，先在心裡對節目的聽眾說：『謝謝大家來聽我的節目。多虧大家，我才能擁有這份工作，能夠做我喜歡的工作，讓我每天都過得很充實。我愛你們。』像是麥克風、所有必備的機器、參與這份工作的每個人（贊助商與工作人員）、錄音室與椅子等一切事物都具有意識，當然也有記憶，所以要運用四句話清理各項事物。」

這樣一來，聽眾就會受到啟發。接著，DJ自己也會在靈感的幫助下，工作表現出色，於是她所需的事物便會千里迢迢來到她身邊。

西川 事先對購買產品的人說「謝謝你」，表達感謝的心情，是很重要的。

三浦 這也能幫助清理「產品也許會賣不好」的記憶，對吧？

修・藍 當你進行清理後，產品就會想著「我好想去那個人的身邊！」，自動降落到顧客的手上。

西川 和修・藍博士說話，讓我感覺有了勇氣。

我會把修・藍博士說的「Just do it！」銘記在心，馬上就著手清理。

三浦 我也會繼續每天清理記憶，離婚的事就抱著「盡人事，聽天命」的態度，交給神聖的存在傳遞的靈感來判斷。

修・藍

重要的是每分每秒持續清理，將周遭發生的事百分之百視為自己的責任，一心一意地清理。

這麼一來，靈感便會降臨，自己真正需要的事物就會在完美的時機造訪。

Eurasian Publishing Group
圓神出版事業機構
用心與你對話．視野無限寬廣
方智出版社
Fine Press

www.booklife.com.tw reader@mail.eurasian.com.tw

新時代系列 195

四句話變幸福！實現奇蹟人生的荷歐波諾波諾

修・藍博士親授，零極限最佳入門書

作　　者／伊賀列阿卡拉・修・藍（Ihaleakala Hew Len, Ph.D.）、丸山茜（採訪）
譯　　者／邱心柔
發 行 人／簡志忠
出 版 者／方智出版社股份有限公司
地　　址／臺北市南京東路四段50號6樓之1
電　　話／（02）2579-6600・2579-8800・2570-3939
傳　　真／（02）2579-0338・2577-3220・2570-3636
總 編 輯／陳秋月
副總編輯／賴良珠
主　　編／黃淑雲
責任編輯／溫芳蘭
校　　對／陳孟君・溫芳蘭
美術編輯／林雅錚
行銷企畫／陳禹伶・王莉莉
印務統籌／劉鳳剛・高榮祥
監　　印／高榮祥
排　　版／莊寶鈴
經 銷 商／叩應股份有限公司
郵撥帳號／ 18707239
法律顧問／圓神出版事業機構法律顧問　蕭雄淋律師
印　　刷／祥峰印刷廠
2022年2月　初版
2024年1月　7刷

定價 320 元　　ISBN 978-986-175-657-8

你本來就應該得到生命所必須給你的一切美好！
祕密，就是過去、現在和未來的一切解答。

——《The Secret 祕密》

國家圖書館出版品預行編目資料

四句話變幸福！實現奇蹟人生的荷歐波諾波諾：修・藍博士親授，零極限最佳入門書／伊賀列阿卡拉・修・藍（Ihaleakala Hew Len），丸山茜著；邱心柔譯. -- 初版. -- 臺北市：方智出版社股份有限公司, 2022.02
208面；14.8×20.8公分 --（新時代系列；195）
譯自：たった4つの言葉で幸せになれる!心が楽になるホ・オポノポノの教え
ISBN 978-986-175-657-8（平裝）
1. 超心理學 2. 心靈學 3. 靈修
175.9 110021303

I'm sorry

Please forgive me.

Please forgive me.
銀杏葉
對肝臟問題的記憶發揮作用

I'm sorry
酒瓶椰子
清理經濟與金錢問題的記憶

香水百合
清理對死亡懷有恐懼的記憶
Thank you.

楓葉
改善心臟與呼吸系統
I love you.

請沿虛線剪下

'Ihaleakalā Hew Len, Ph.D.

'Ihaleakalā Hew Len, Ph.D.

'Ihaleakalā Hew Len, Ph.D.

'Ihaleakalā Hew Len, Ph.D.

群人類學家則認爲，新生兒還不算是人，要等到他們已經受到文化及社會的形塑才能算數。我們最後差點吵起來。我朋友偏好人類學家的說法，我則毫不遲疑地接受了生物學家的論點。她氣憤地指控我跟神父是一夥的：「妳根本就是個天主教徒，天主教徒，天主教徒！」我很不舒服。她明明知道我不是天主教徒。不單如此，她也知道我不認爲神父有權介入這件事。但是我沒辦法，我無論如何都沒辦法接受曼森醫師武斷的論述。我沒辦法，我無論如何都沒辦法理解那些把探針插進自己體內的女人，這行爲有如吃瀉藥來幫助排出體內那些還沒有消化的食物一樣。除非……

除非怎麼樣？我要背棄自己的選擇嗎？我看似對自己很有自信，看似光榮地戰勝了所有的不確定、所有的疑惑，爲什麼它們如今又化作別的面貌回來了？爲什麼它們化成讓我頭暈目眩的不安，化成讓我腹部刺痛的痛楚？孩子，我必須要堅強。我必須相信自己，也要相信你。我一定要堅持到最後，這樣你才能長大，並成爲一個既不像在夢中對著我大吼的神父，也不像我的朋友跟她那個曼森醫師，更不像綑綁住祖母雙手的警察。第一個人認爲你是上帝的財產，第二個人認爲你是母親的財產，第三個人認爲你是國家的財產。你不屬於上帝，不屬於國家，也不屬於我。你只屬於你自己，再無其他人能擁有你。終究是你自己選擇要出生的，我原先強把自己的選擇加諸在你的身上，我錯了。會把你留下，是因爲你的生命之源燃起時，我就已臣服於你的命令。我沒有選擇，我只是服從而已。若說在這過程中有誰是受害者，那不會是你，孩子，是我。你像個吸血鬼般蜷曲在我體內時，不就是想要告訴我這件事嗎？當你讓我覺得噁心想吐時，不就是想要確認這件事嗎？我很不舒服，我這整個星期都沒辦法工作，我有條腿腫了起來。這次的出差早已安排好，如果我必須因懷孕而放棄，眞的會很麻煩。老闆似乎也明白這件事情的嚴重性。今天，他幾近語帶威脅地問我「能不能去」，同時強調他希望我能去。這個任務很重要，而且非常適合我。他希望是我去，我也是。如果我不能去的話……我當然會去。醫生不是說懷孕不是病，而是正常的身體狀態嗎？他不是要我之前怎麼過日子，之後也照同樣的方式過日子就好嗎？你不會背叛我的。

10

發生了一件我沒有料到的事情：醫師要我臥床休息。於是我現在動彈不得，我得要平躺，不能亂動。因爲我一個人住，所以這不是太容易，你應該明白吧，如果有人按了門鈴，我就得起床去開門，而且我還得吃東西，得洗澡，因此得煮些湯或走去浴室，要做這些事情總得離開床，對吧？我朋友暫時幫忙打點我的飲食，我把鑰匙給她，她一天過來兩次，好辛苦。我大喊：「妳不想生第三個小孩，結果妳現在領養了一個大人。」她回答說大人比嬰兒好照顧，因爲用不著餵奶。如果我說我這朋友是個好女人，你會相信嗎？她眞的是，不單只是因爲她會過來這兒，而是因爲她不再提起那個曼森，也不再提起那些人類學家。她忽然變得看起來很擔心我會失去你。別害怕，沒事的。醫師再次檢查，確定你沒有什麼問題；他認爲腹痛的原因跟你無關，臥床只是預防措施罷了。你已經兩個月大，兩個月大表示你有了極細緻的改變，你已經從胚胎變成胎兒了，你的軟骨正在製造出骨細胞來取代軟骨組織。你的雙腿正在變長，就如同樹木往外伸展出枝條一樣，而你的小腳丫上也開始出現腳趾頭。三個月以前我們都不能掉以輕心，在那之後，我們就可以過往常的日子，躺著不動的時間最多不會超過兩星期。老實說，我騙老闆說我得了支氣管炎。他信了，同時跟我保證出差的事情終究可以緩緩，還有一些細節待確認。感謝老天，如果他知道眞相，說不定就會派別人去，或者說不定會把我開除。那就麻煩了，對你對我都是。誰會照顧我們？首先，你父親消失得無影無蹤，我猜他大概不想牽扯進來吧。你會難過嗎？我不會。我對他曾有的那一丁點感情，都被那兩通電話給熄滅了。或許可以說，就因爲他只敢透過電話跟我談，卻不敢跟我面對面。你不覺得他回來的時候應該要過來看看我嗎？他清楚知道我不會要他娶我，我從沒這樣要求過他，我現在不想結婚，以後也不想。所以他不來看我的理由是什麼？你覺得他會因爲跟我做愛而有罪惡感嗎？有一天，祖母眞心地想要告解，神父給了她如下的建言：「別跟妳的丈夫上床，千萬別這麼做！」你知道嗎，對某些人來說，男人跟女人所犯下的眞正罪行就是上床。他們說，如果不想要小孩，只要禁慾就好。也對，但因爲決定誰該禁慾誰不用禁慾的問題有點棘手，不妨我們就全部禁慾吧，然後讓這星球上住滿老人。幾千幾百萬無法生育的老人就這麼住在地球上，直到有一天，就像一些背景設定在火星的科幻小說一樣，人類滅絕了，他們的身後徒留雄偉但搖搖欲墜的城市，城市裡住滿鬼魂，那是些曾有可能存在卻終究不存在的鬼魂，那是些從未投胎的孩子的鬼魂，或者乾脆就讓我們都變成同性戀吧，因爲結果也會一樣：一顆住滿無法生育的老人的星球，他們的身後只留下雄偉但搖搖欲墜的城市，城市裡住滿從未投胎的孩子的鬼魂……

如果我們利用這些老人來生育呢？我曾在某個地方讀過胚胎移植有可能成功的，那是生物學科技上的突破。將受精卵從母親的子宮移植到另一個準備好要供給他養分的女性子宮中，就讓孩子在後者的子宮裡成長。瞧，如果有其他女人願意供給你養分——舉例來說，是一個躺著不動也不覺得難受的老女人——你照樣會出生，而且也不會在我的肚子裡折磨我。總之生孩子就成了老人家的工作，那些老年人最有耐心了。如果我把你移植到其他人的子宮裡，你會不開心嗎？如果是一個永遠不會責怪你的老女人的優良子宮，你又怎麼會覺得不開心？我不是在否定你的生命，只是讓你寄住到其他地方去而已。原諒我，我在胡說八道。我現在動彈不得，這讓我覺得很煩，把自己最壞的一面都表現出來了。

11

今天我有一個驚喜。門鈴響，我邊發牢騷邊起身，是郵差，送了個航空包裹來。寄件者是我母親，裡面還有一封她跟我父親一起署名的信。我在幾天前跟他們提到你，我認爲自己有跟他們說的義務。此後的每天早上，我都焦慮地等待他們的回音，一想到他們可能會寫一封口氣嚴厲或讓我傷心難過的信，我就害怕得發抖。畢竟他們兩個都很老派。然而信件上說，雖然這事嚇了他們一跳，也讓他們心煩意亂，但他們同時也很開心，也歡迎你的到來。「如今，我們已經是兩棵乾巴巴的老樹了，我們再也沒有什麼能夠教妳的。如果妳已經做出選擇，就表示這件事情是正確的。寫這封信是要告訴妳，我們接受妳的震撼教育。」讀完信以後，我打開包裹，裡面有個小塑膠盒，盒子裡面有一雙白色的小鞋。好小好小，好輕好輕，而且純淨潔白。這是你的第一雙鞋子，我用一隻手掌就能托住這雙鞋，居然沒有我的手掌大。一碰到這雙鞋，我就哽咽，我的心隨之融化。你會喜歡我母親的。加上她，你就有兩個母親了，你將會成爲不折不扣的富人。你會喜歡她，因爲她認爲沒有孩子的話，世界就會滅亡。你會喜歡她，因爲她又大又軟，有一雙又大又軟的膝蓋讓你坐，有一雙又大又軟的手臂保護你，而她的笑聲就如小鈴鐺合奏叮叮噹噹的樂曲。我一直都不懂爲什麼她有辦法那樣笑，我想是因爲她很愛哭吧。只有愛哭的人才有辦法欣賞人生所有美好的風景，然後扎扎實實地大笑一番。要哭很容易，要笑很難，你很快就會學到這件事。一進入這個世界，你就會絕望地號哭，你所能做的第一件事就是哭。任何事情都會惹得你哭：光線、飢餓、生氣。幾星期、幾個月過去，你才會張嘴微笑，隨後咯咯笑出聲。但你絕對不要因此而覺得氣餒，你一定要把所有的微笑、所有的笑聲都賜給我，藉此讓我知道，我沒有因爲貪圖方便，利用最新的生物科技將你移交到另一個比我更寬容、更有耐心的母親的子宮裡，而我的選擇是對的。

12

我把那張顯示你滿兩個月的照片剪下來，那是一張放大四十倍的臉部特寫。把照片釘在牆上以後，我躺在這兒欣賞。你的雙眼眞令人著迷，跟身體的其他部分相比，你的眼睛出奇地大，張得好開。那雙眼看見了什麼？除了羊水以外別無他物嗎？除了監獄的肉牆以外別無他物嗎？你也能看見我看見的景物嗎？我有個想法，這想法教我既愉悅又困擾：我懷疑這雙眼睛能透過我的眼睛去看世界。想到你很快就要閉上雙眼令我難過。一種黏黏的物質正在你的眼瞼的邊緣成形，幾天以後上下眼瞼就會因此黏在一起，以便在眼睛最後的發展階段起保護作用。你要到六個月大才會張開雙眼，有二十週的時間，你將活在徹徹底底的黑暗之中，太可惜了！可惜嗎？由於沒有東西可以看，你就能把我的話聽得更清楚，我還有好多好多事情要跟你說，臥床的這段日子讓我有了許多時間，因爲我只剩下閱讀跟看電視兩個消遣。接著，我有幾件不是太快樂的事情要跟你說。我沒辦法百分之百相信你已經全知，但要跟你解釋這些事情很困難，因爲就算此刻的你眞的有辦法思考，你現在所感受到的一切跟將來要面對的事物大不相同。待在裡面的你孤單一人，名副其實享受一人生活。你只能感受到自己，我們這些住在外面的人卻很多，有幾百萬幾千萬。我們的一切都跟他人有關，不管是經驗，快樂，哀傷，跟……

沒錯，我就是要從這裡開始講起。首先我要告訴你，出來以後，你就不再是孤單一人，就算想要遠離衆人，不想要他們陪在身旁，也辦不到，永遠都辦不到。外面的世界裡，人們沒有辦法像現在的你一樣靠一己之力照顧好自己。那些嘗試過的人都瘋了。運氣好沒瘋的，也都面臨失敗的下場。有時候仍會有人嘗試，逃到森林或海邊，並發誓自己再也不需要其他人，其他人也沒有辦法找到他。但他們依然找到了，甚至說不定是他自己決定回去的。他會挫敗地回來，回歸他的蟻丘，成爲其中的一員，回歸他那枯燥乏味的生活，並極端渴望、奢望地期許自己能夠在這裡找到自由。你會聽到很多跟自由有關的討論，這個詞幾乎就跟世人使用得最浮濫的愛這個字同樣遭人濫用。你會遇到一些人，他們都是爲了追求自由而搞得遍體鱗傷、遭受折磨，甚至接受死亡。我希望你會是其中的一分子。但在爲了獲得自由而遭到折磨的同時，你會發現自由並不存在，頂多只存在於遙遠的地方，就像一場夢，這個想法源自你出生之前的記憶，當時的你的確因爲孤單一人而享有自由。沒錯，我不停提到現在的你就如同關在監獄裡一樣。我不自覺地想到你住的地方有多狹小，而且從現在開始，還會變得一片黑暗。但在那個又黑又狹小的地方，你卻能享有比未來來到這個龐大又無情的世界時更多的自由。在那裡，你做事不需要得到他人允許，也不需要別人幫忙，因爲你身旁沒有其他人，更不知道奴役是什麼東西。到了外界，你會有數不清的主人。即使不希望，我仍可能在不自知的情況下成爲你的第一個主人，把一些對我來說正確，對你來說卻不盡然的事情強加在你身上。那雙漂亮的白色小鞋就是一個例子。對我來說，這雙鞋很漂亮，但你又會作何感想？幫你穿鞋時，想必你會尖聲大叫吧。我想穿鞋一定會讓你不舒服，但我依然會幫你穿上，告訴你不穿的話會冷。你終究會逐步適應穿鞋這件事，你會屈服、被我馴化，導致最後不穿鞋反而不舒服。這就是一連串環環相扣的奴役行為的開端，我永遠都會是那條鎖鏈的第一個環，因為少了我，你就活不下去。我會餵你吃奶，會幫你蓋被子，幫你洗澡，把你抱在懷裡。以後，你會自己走路，自己吃飯，決定自己要去哪裡跟何時洗澡。但到時候會出現另一種奴役的行為。我的忠告，我的指示，我的建議，你會擔心如果不照我說的去做，我就會難過。從你的角度來看，要到很久很久以後，我才會像那些已經學會飛行的鳥類父母一樣讓你離巢，讓你離開。但這一刻終會來臨，我會讓你走，會讓你自己過馬路，不管燈號是綠是紅。我會要你前進，但你的自由不會因此而增加，你依舊會因為情感的羈絆及後悔而被我綁住。有人稱之為家庭的羈絆。我不相信家庭，家庭是打造這個世界規則的人創造出來控制大眾的謊言，他們利用這些規矩、典範來讓人們服從。孤單一人時，我們比較容易反抗；群體共住時，我們比較容易屈從。家庭不過是不允許你反抗的體制創造出來的代言人罷了，其神聖不可侵犯的價值根本就不存在。唯一存在的，是一群又一群通常彼此厭惡、憎恨的男人、女人跟孩子。他們被迫使用同樣的姓氏，住在同一個屋簷下。但後悔存在，羈絆也存在，兩種情感都如樹木般深植我們心中，就算颱風也吹不垮。這兩種情感有如飢餓跟口渴一樣無法避免，你永遠也沒有辦法逃離它們，無論你多麼理性、精神多麼堅韌都一樣。你會以為自己已經遺忘它們，但有一天它們會再次出現，殘忍而堅定地把繩子套在你的脖子上，比任何一個絞刑師套得都緊，隨之讓你窒息。

除了羈絆以外，你還會見識到某些別人強加在你身上的東西。我這裡所謂的別人，就是那成千上萬住在蟻丘裡的居民。他們有他們的習慣，他們的法則。你不知道要模仿他們的習慣、尊重他們的法則有多麼教人無法呼吸。別這麼做，別那麼做，那樣做這樣做……如果跟得體的、有點知道自由是什麼的人住一起也就罷了，如果你是跟一些就連你要作個自由夢或幻想一下自由滋味都不行的自大狂住在一起的話，那可眞是人間地獄啊。自大狂的法則只有一個特質：你只能在其中掙扎、等死。得體者的法則則無所逃逸，因爲有人說服你這些法則很崇高，因此你理當遵守。不管你生活在什麼體制下，有些法則是你絕對無法逃離的，那就是贏家總是那些最強悍、最殘忍，心胸最狹窄的人。尤其你無法逃離吃飯得花錢，睡覺得花錢，在冬天保暖還是得花錢，而要賺錢你就得工作。他們會跟你講一堆故事，說什麼工作的重要性啦、工作帶來的快樂啦、藉由工作所獲得的尊嚴一類的。別相信這些話，這不過又是打造這個世界規則的人所發明的方便管理的方法而已。工作的本質就是敲詐，就算你喜歡工作，它的本質也不會變。你總是在爲別人工作，永遠都不會是爲你自己。工作一定吃力，永遠不會快樂。你永遠都是在不想工作的時候就得工作。就算你不靠別人，自己耕地謀生，你仍舊得順從自然的法則，在日曬雨淋的時候工作。就算你沒有上級，可以自由自在想做什麼就做什麼過日子，你仍舊得屈服於他人的需求跟專橫。也許在很久很久以前，在一個久到相關紀錄都已散失的年代，世事可能不是這樣運行的。在當時，工作是一種享受，一種歡愉。但當時的人類很少，因此大家都各自過日子。在一個他們稱爲基督的人降生一千九百七十五年以後，你將要誕生。在他之前的千百萬年以前，第一個不知名的人類誕生了，從那個時候開始，事情就變成我告訴你的這個樣子。根據最近的數據統計，地球的人口數已經達到四十億，你將要加入這個蟻丘中。孩子，屆時你將會回首，盼望回到那個孤單一人在羊水裡拍打的日子！

13

我寫了三篇童話故事要給你。嚴格說來不算「寫」，由於躺在床上，我沒辦法寫作，因此我就簡單地唸給你聽吧。很久很久以前，有一個小女孩愛上一棵木蘭樹，那棵木蘭樹矗立在花園的中間。小女孩家的頂樓有一扇面向花園的窗戶，小女孩總將身子從那扇窗戶探出去不停地看著木蘭樹。小女孩的個子很矮，她得爬到椅子上才有辦法往下看。每當她母親看見她站在椅子上就會大叫：「我的老天啊，她要掉下去了，她要掉出那扇窗戶了！」那是一棵巨大的木蘭樹，有著巨大的樹枝、巨大的葉子跟巨大的花。那些花有如一條條乾淨的手帕，卻因爲太高而沒有人會去採。小女孩一天天看著那些花綻放、轉黃、凋謝，輕聲地落在地上。小女孩每天都幻想有人會在花朵依然潔白的時候摘下一朵。帶著這樣的期盼，待在窗旁的小女孩總會將手臂放在窗臺上，然後將臉頰靠在手臂上。附近沒有其他房子，只有一堵高聳的牆聳立在花園的側面，牆的頂端連接著一個露臺，有些衣物會掛在那裡晾乾。當風吹得衣物發出啪啪的聲響時，你就知道衣服乾了，此時，就會有個帶著籃子的女人出現，她會把已經晾乾的衣服收進籃子裡帶走。有一天，那個女人雖然出現了，卻沒有收衣服，而是望向那棵木蘭樹，就像是想要試著摘下一朵花似的。她盯著樹看了很久，同時衣物在風中發出啪啪的聲響。後來出現一個男人，男人伸長雙臂抱著她，她也伸長雙臂去抱那個男人，兩人很快就一起跌坐下去，然後一起躺在露臺上喘息。過了很久，兩人都睡著了。小女孩很驚訝，她不懂爲什麼這兩個人不看樹也不摘花，卻要躺在露臺上睡覺，她耐心地等候他們醒來。此時，另一個男人出現了。他非常生氣，什麼也沒說，立刻往兩人衝去。他先往那個男人的方向衝去，那個男人跳起身來跑開。接著他改衝往那個女人，那個女人跑過吊掛的衣物。他追著她跑，試圖抓住她，最後女人被他抓到了。女人宛如沒有重量般被他抓起來丟出露臺，丟往那棵木蘭樹。那個女人彷佛花了很長的時間才墜抵木蘭樹的所在。她墜落在樹枝上，樹枝發出巨大的劈里啪啦聲，就像折斷了一樣。與此同時，那個女人抓住一朵花，並將花扯下來。她動也不動地躺在那裡，手裡握著那朵花。接著小女孩呼喊她的母親，她說：「媽媽，有人把一個女人扔到了木蘭樹上，她摘下了一朵花。」她母親來了，隨即尖叫，說那個女人已經死了。從那天開始，逐漸長大的小女孩相信如果有女人要摘花，她就非死不可。

我就是那個小女孩。希望上帝保佑你，讓你不需要透過跟我一樣的經歷就能學到贏家總是那些最強悍、最殘忍、心胸最狹窄的人。希望上帝保佑你，讓你不用跟我一樣早早就知道在現實生活中，先付出代價的永遠都是女人。但我不應該有這樣的希望，我應該希望你很快失去那個叫做童年的純眞。童年是幻象。從現在開始，你得準備好保護自己，要變得敏捷又強壯，把其他人拋下露臺。尤其如果你是個女人，這也是一條法則，雖然沒有寫下，卻是你應盡的義務。不是你就是我，不是你死就是我活，這法則的條文就是這麼寫的。小心別忘了。孩子，在這個世界，每個人都會去傷害別人，被傷害的總是那些不肯屈服的人。若有人跟你鼓吹屈服的好處，別聽他們胡說。弱者才會屈服，屈服不一定總是好事。我從不虛情假意地說女人比男人高尚，以及女人比較善良，所以她們不應當受死。善惡沒有意義，要在外面的世界好好過日子，仰賴的不是這個。要好好過日子，仰賴的是力量之間的拉扯，而其根基爲暴力。生存就是暴力。以後的你如果有皮鞋可以穿，是因爲有人會殺牛扒皮做成皮革。有毛皮大衣可以穿，是因爲有人殺了一頭動物，殺了一百頭動物，剝下牠們的毛皮。有雞肝可以吃，是因爲有人殺死了一隻不傷害任何人的雞。也許這麼說也不對，因爲就連雞也會吞食乖乖地爬來爬去小口小口吃植物的小蟲。總會有人透過吞食別人或扒下別人的皮求生，從人到魚都一樣，就連魚跟魚之間也會彼此吞吃，大魚會吃小魚，鳥類、昆蟲，乃至於所有生物都一樣。我相信只有樹木跟植物不會殺生：它們只透過水跟陽光來取得養分。然而，有時候，當少了陽光跟水，它們就會枯萎，死去。不需要透過殺生就可以取得養分、保持體溫並活下去的你，現在就讓你知道這些恐怖的事情會不會還太早呢？

14

接著是第二篇童話故事。很久很久以前，有一個非常愛吃巧克力的小女孩，隨著對巧克力的喜好越來越強，她得到的巧克力卻越來越少。這是因爲她曾經愛吃多少巧克力就能吃多少，當時，她住在另外一間明亮的房子裡，陽光會從窗戶照進屋內。有一天，她醒過來，發現再也沒有天空、沒有陽光、沒有巧克力了。在她的新房間裡，窗戶是位在靠近天花板的地方，還有格柵保護。透過那些窗，她只能看到別人的腳來來去去。她還看得見狗。一開始，能看見狗很有趣，因爲你可以看見一整隻的狗，也看得見狗的頭。後來，那些狗抬起牠們的腳，在格柵上撒尿。此時，小女孩的母親就會哭著說：「唉唷，不要啦，不要這樣！」她的母親總是在哭泣，尤其只要看到自己的大肚子，看到那個把圍裙撐起來的大肚子時，就會哭得特別慘。她會對著自己的肚子說：「你還眞會挑時間啊！」這個時候，小女孩的父親就會在床上咳嗽。由於咳嗽的聲音很大，只要咳嗽聲慢慢停息，小女孩的父親就會宛如死去一樣。她的父親連白天都要躺在床上，他的臉色蠟黃，雙眼明亮而哀傷。小女孩意識到，自從父親生病以後，她就再也沒辦法放縱地吃巧克力了。同時，他們也搬到這間既沒有天空也沒有歡樂的房屋裡。他們沒有錢了。

爲了賺錢，小女孩的母親去一位美麗的女士家當清潔工，她跟這位女士之間以名字互稱。她是個總是在換衣服的有錢阿姨，人們甚至說，她穿每一件洋裝都會搭配不同的手提包，每個包包也都有不同的鞋子可以搭配。她的房子位在河邊，整座城市的天空都可以透過家中的窗戶盡收眼底。但漂亮阿姨仍然不快樂，她總在抱怨，因爲帽子看起來不搭，或因爲她養的貓打噴嚏，或因爲女傭出國一個月，卻毫無打算回來的跡象。小女孩的母親就代替了這個沒有責任感的女傭。

每天，從九點到一點，她會把丈夫留在家裡，帶著小女孩出門，並堅持說，與其陪伴一個罹患氣胸的男人，還不如出來外面透透氣。路途遙遠，她們沿途得經過數不清的街道。路途上，她母親會不停地想，同時大聲地說，這次那個美麗的女士不知道又要提些什麼不開心的事情。然後，在按門鈴之前，她會小小聲地說：「開心點嘛！」一個沒精打采的聲音應了門，接著是更沒精打采的腳步聲。門打開，出現在她們眼前的是件長度到腳的睡袍：有時候是白色，有時候是粉紅色，有時候是藍色。她們踩著地毯進門，小女孩的母親就會把她放在一張凳子上，就如同她是個包裹似的。她要小女孩安靜別亂跑，也不要去打擾任何人，隨即走進廚房裡洗碗。此時，美麗的女士已經在長沙發上伸直了身子，邊抽菸邊讀報，顯然沒其他事情好做。讓小女孩不解的是，爲什麼她不自己洗碗，卻要她那大肚子的母親來洗。

那天早上，漂亮女士抱怨的是錢。她從小女孩的母親洗碗的時候就開始講，到她母親打掃客廳的時候還在講。「妳懂嗎？」她不停地說：「他就只想給我這些錢而已。」小女孩的母親回答：「要是有那麼多錢，我會覺得自己像個公主。」女士生氣了，「對我來說，那些錢連搭計程車都不夠，別拿自己來跟我比！」小女孩的母親滿臉通紅，假借要刷地毯，蹲到地板上並摀住臉。小女孩覺得喉頭一陣哽咽，眼淚正打算奪眶而出的同時，她注意到太陽底下有個亮晃晃的東西在閃爍，是一個裝糖果用的玻璃容器，裡面裝滿了巧克力。那不是一般的巧克力，而是比好久好久以前，當她還住在那棟看得到天空的房子裡習慣吃的巧克力還要大二或三倍。她喉頭原先的哽咽忽然消失了，取而代之是一種嚐起來像巧克力的液體。她母親注意到了，用可怕的眼神警告小女孩：妳要是敢開口要什麼東西就完蛋了！小女孩明白母親的意思，因此竭力克制自己的表情，轉而凝望天花板。在她凝望天花板的同時，那位美麗的女士站起來，嘴裡喃喃抱怨著無聊，同時走向陽台，站在那兒磨蹭手腕。那個陽台面向另一個位在下方的、更大的陽台。在另一個陽台上，站著兩個有錢的小孩。小女孩會知道這件事，是因爲她曾經見過他們一次，而且因爲他們都長得很漂亮，所以她知道他們很有錢。他們長得就跟那位女士一樣漂亮。依然磨蹭著手腕的女士走到陽台邊緣，興高采烈地露出笑容，探出上身用法語對著他們喊話：「哈囉，我的小鴿子們！今天過得怎麼樣啊？」接著是：「等等，等等！我有東西要給你們！」她走回屋裡，拿了那個玻璃罐，打開蓋子，優雅地走到陽台，把巧克力往下丟。她邊丟邊說：「我的小鴿子們，來吃巧克力吧！我的小鴿子們，來吃巧克力吧！」她丟了超過半罐，過程中數度大笑，最後總算把玻璃罐放回桌上，同時又拿出一顆巧克力。她緩緩地把金色的錫箔紙撕開，就這麼拿在手上，胡思亂想了幾件事以後才把巧克力吞下肚。小女孩就這麼看著她。

從那天以後，我就再也沒辦法吃巧克力了，每吃必吐。孩子，我希望你會喜歡巧克力，因爲我想要買好多好多給你吃。我想在你身上鋪一層巧克力，我要你連我的份一起吃，直到你吃膩爲止，直到重壓在我心中的不公正的感覺終於消失爲止。就如同暴力，你也將對不公正知之甚詳，這是你必然要準備好去面對的。

我所說的不公正，指的不是爲了殺死一隻雞來吃的不公正，不是殺死一頭牛以取得牛皮的不公正，不是殺死一個女人來讓她得到懲罰的不公正，我指的是以「有」跟「沒有」來區分人的不公正。這種不公正會在人的口腔裡留下毒素，還會迫使一個懷孕的母親要幫別人刷理地毯。要怎麼解決這個問題，我也不知道。所有曾嘗試過的人，也只是成功地將原先刷地毯的換成另外一個人而已。無論你是生在哪種社會體制、哪種意識形態之下，永遠都會有人要幫其他人刷地毯，也總是會有個小女孩因爲渴望吃巧克力而遭到羞辱。你永遠找不到能夠改變人類的心腸，並消除他們心中不平等想法的社會體制或意識形態。每當有人告訴你，我們不一樣，就回答他：騙子。接著你就挑戰他，要他證明如果認同他的理念，就不會存在諸如富人吃的餐點跟窮人吃的餐點、富人住的房子跟窮人住的房子、富人度過的四季跟窮人度過的四季。冬天是富人的季節。只要有錢，寒冬就成了遊憩時光，因爲你可以買毛皮大衣、讓房子溫暖以及出去滑雪。然而，如果你很窮，寒冬就成了詛咒，你將因而學會即使有白雪覆蓋大地的美景，冬天依舊是個討人厭的季節。孩子，平等跟自由一樣，只存在於你現在所居住的地方。唯有仍蜷縮在羊膜囊裡的時候，唯有仍居住在子宮裡的時候，所有的人類才會是平等的。住在那裡頭且無須服侍任何人的你啊，現在就讓你知道這些不公正的事情會不會還太早呢？

15

我不知道這算不算童話故事，但反正我就說了。很久很久以前，有一個相信未來的女孩。的確，每個人都教導她要抱持這樣的信念，跟她保證明天總是會更好。教堂裡的神父以吟詠的方式保證明天會更好，並宣布天國即將到來。學校的老師教導她明天會更好，因爲人類會不停進化：我們最早住在山洞裡，然後住進有暖爐的房子裡，後來住進有中央暖氣系統的房子裡。父親也說明天會更好，他舉了好幾個歷史上的例子，表示強權總會垮台。女孩很早就對神父失去信心，他所謂的未來是死亡，女孩對死後能住進一間名爲天國的高級旅館這樣的想法一點興趣也沒有。不久以後，她對學校也失去了信心。那年冬天，她的雙手、雙腳長滿凍瘡，疼痛難耐。人類從穴居動物進步到住進有中央暖氣系統的房子裡的確很了不起，問題是他們家並沒有。然而，她依舊盲目地相信父親。她的父親是勇敢而頑固的人，二十年來，他不停地跟一些身穿黑衣的傲慢男人抗爭，每次只要他們敲破他的頭顱，他就會勇敢而頑固地說：「明天會更好。」那幾年都在打仗，那些身穿黑衣的傲慢男人似乎都打贏。但她父親搖搖頭，勇敢而頑固地說：「明天會更好。」

女孩相信父親，因爲她在七月的某天晚上看見那些傲慢的男人被趕走了。他們的戰爭彷彿接近尾聲，美好的明天就在眼前。可是九月一到，那些傲慢的男人又回來了，而且還帶著一些講德語的新同伴。戰事變得更爲猛烈，女孩覺得自己被騙了，她問父親，父親回答說：「明天會更好。」他以如下的理由說服她：美好的未來一定就在不遠處，因爲他們不再是孤軍奮戰了。朋友正往這裡過來，那是一整隊稱爲盟軍的朋友。隔天，女孩所住的城市就被這群號稱盟軍的朋友轟炸，其中一顆炸彈就落在她家的正前方。女孩很困惑，如果他們眞的是朋友，爲什麼還要轟炸她家呢？她父親回答說，他們也是有不得已的苦衷，但他們之間的友誼不會因此受損。爲了讓女兒更明白這點，他帶兩個人回到家裡，那兩人都是轟炸隊的一分子。這些「朋友」之前曾遭到傲慢男人們的監禁，但他們順利逃了出來。她父親解釋說，我們一定要幫助他們，因爲美好的明天是雙方的共同目標。女孩同意了，她跟爲這些人賭上性命的父親一起將這些朋友藏匿起來，供給他們食物，也帶領他們到安全的村莊。在那之後，她就專心一意地等待那些會帶來美好明天的軍隊到來。幾個星期、幾個月過去了，軍隊並沒有來。同時，人們則因轟炸、刑求、中彈而死去：衆人夢寐以求的明天如今看來猶如夢中幻境。後來，女孩的父親遭到了逮捕、毆打、刑求，女孩去監獄探望他。父親因拷打而身形憔悴，讓她幾乎認不得。縱使遭受拷打，縱使身在牢中，父親仍說：「明天會更好。一個不再有羞辱的明天即將到來。」

到最後，明天終於來了。那是八月某天的黎明。稍早的夜晚，城市裡有好幾起可怕的爆炸，整座城市都晃個不停。橋梁跟街道都被炸毀，許多無辜的人民喪命。後來天際逐漸亮了，天空如復活節的鈴鐺般光輝耀眼，盟軍在此時登場了。他們有如穿著制服的天使，臉上帶著微笑，愉悅地向前邁進，人們跑過去朝他們拋擲花朵，大聲地跟他們道謝。女孩的父親已經獲釋，每個人都恭恭敬敬地跟他打招呼，他的眼神明亮富有光采，那是堅持信念之人的眼神。後來有個人出現，要他趕快去找盟軍的指揮官，因爲發生了一件非常嚴重的事情。女孩的父親跑步前去，心裡在想這件非常嚴重的事情到底是什麼。指揮所裡有個男人趴在地上，他的臉埋在草地中哭泣。他一定有三十歲左右，穿著一件藍色的西裝，顯然是爲了迎接朋友到來而特別挑選的，夾克的釦眼上別了一大朵紙做的紅玫瑰花。在他的前面，或該說在他的上面，有個穿著制服的天使岔開雙腿站著，天使的肩膀上懸著一挺機槍。女孩的父親朝男人彎下腰，「你做了什麼事？」那個男人哭得更大聲，並嗚咽著說：「媽媽，媽媽，媽媽。」女孩的父親求見盟軍指揮官。接見他時，長著蘿蔔色鬍鬚的指揮官一臉不滿地抬起頭來，手裡揮舞著短馬鞭。「你就是所謂的人民代表的一分子嗎？」女孩的父親回說對。「讓我來告訴你，你的人民用偷竊的方式來歡迎我們。那個男人是小偷。」女孩的父親問他偷了什麼。「一只裝滿了食物跟文件的大背包。」指揮官厲聲說道。女孩的父親問是怎麼樣的文件。「這只背包的主人是一個士官，文件就是他的假單。」指揮官厲聲說道。女孩的父親問文件是否有找回來。「有是有，但撕毀啦！」指揮官再次厲聲回答。女孩的父親建議也許可以把那些假單黏好。那食物呢？食物也有找回來嗎？「食物都被吃光啦！是一整天的糧食耶！」指揮官憤怒地大喊。女孩的父親收起笑容，他回答說，這件事情的確很糟糕，身爲人民代表，他會接管這個小偷，並命令他賠償士官的損失。緊接著，只見馬鞭在空中繞了一大圈，指揮官回答說，在他的軍隊裡面，偷竊的懲罰就是槍斃。他命令女孩的父親出去。到了外面，那個小偷仍將臉埋在草地裡哭：「媽媽，媽媽，媽媽。」穿著制服的天使也依然岔開雙腳、居高臨下地站著，機槍對著小偷。那雙毛茸茸的腿又短又粗，機槍口瞄準那個男人的後頸。路經那裡的時候，女孩聽見咯噠一聲，那是保險栓拉開的聲音。

女孩永遠也不知道那個小偷是否遭到槍斃，但從那天起，她就總是對明天這個詞抱持著懷疑。由於她的大腦已經將明天跟朋友兩個詞連結在一起，因此從那天起，她也對朋友這個詞抱持著懷疑。繼英國軍隊之後，美國軍隊來了。每個人都說美國人比英國人仁慈、友善，女孩也希望這是真的，因爲多數美國人都會滿懷仁慈地開懷大笑，但她很快就意識到，即使會滿懷仁慈地開懷大笑，他們一樣會強姦婦女、幹不法勾當、姿態猶如大爺，眾人期盼的明天不過是新的恐懼罷了。大家一樣挨餓。爲了塡飽肚子，有些女人自願出賣肉體，其他人則爲這些新主人洗滌衣物。每座露台、每間庭院都成了吊掛制服、襪子及內衣的展示中心，大家藉此比賽誰洗得最多。洗六雙襪子，可以得到一條美國麵包。洗三件內衣，可以得到一罐豬肉焗豆。洗一件制服，可以拿到兩罐肉。女孩的父親不准妻女去碰這些骯髒的衣物。他說，無論情況是好是壞，美好的未來已經展開，眾人必須以不容侵犯的態度守護這一切。爲了證明他的決心，他邀請幾個「朋友」來家裡吃飯，把自己配給到的新鮮糧食分給他們吃。有天晚上，他甚至將自己的金錶送給他們，並發表一篇精采的演講，內容提及他曾經爲了追尋美好未來而幫助過那些俘虜，塑造出一個更美好的明天仍是他們共同的目標。那些朋友收下了金錶，並提議讓他的家人也幫忙洗衣物。女孩覺得受到冒犯，但飢餓是頭極具誘惑力的野獸，幾天後，在沒有告知父親的情況下，她先想了想，便去提出洗衣的要求。對方送來兩籃，其中一籃是衣物，另一籃是食物。她立刻掀開裝食物的那個籃子，從裡面拿出三罐豬肉焗豆、兩條麵包、一瓶花生跟滿滿一罐的草莓果醬。她稍晚才掀開裝衣物的籃子，把衣物扔進水槽時，她氣得臉都紅了。裡頭全是骯髒的內褲。

在洗別人骯髒的內褲時，我才明白：更好的明天並沒有來到，而且也許永遠不會。我們永遠都會被承諾欺騙，這承諾有如一條象徵失望的念珠，因虛假的慰藉、可憐的餽贈、可悲的安逸而發光，偏偏我們見到這條念珠就不再吵鬧。我曾期待的美好明天會降臨到你身上嗎？我想很難。千百年過去，相信美好明天的人們仍不停生下孩子，期望孩子能夠過比自己更好的生活。所謂更好的生活到頭來頂多也不過就是得到可悲的中央暖氣系統罷了。在你冷的時候，中央暖氣系統的確是好東西，問題是它沒辦法讓你快樂，也沒辦法守護你的尊嚴。縱使有了中央暖氣系統，你依舊得忍受他人的傲慢、苦難、恐嚇，而明天依舊是個謊言。一開始的時候我曾跟你說，世界上最可怕的東西是不存在，不要因爲害怕悲傷而恐懼，就連死亡都無須害怕，因爲有一個人死去，就表示有一個人誕生。我告訴過你，這裡很值得來走一遭，因爲不來的話，你就只擁有靜默及虛無。但孩子啊，眞的是這樣嗎？對你來說，出生在這個會被炸彈炸死的世界眞的是對的嗎？出生在這個會讓你因挨餓而偷食物，以至於最後淪爲一個毛腿士兵的槍下魂的世界眞的是對的嗎？隨著你年齡增長，我卻只會更擔心受怕。最初令我沉浸其中的熱情如今幾乎已蕩然無存，我已無法再確信自己掌握到生命的眞相，隨之而來的榮耀感也已喪失。懷疑一步步將我吞噬。懷疑如海浪般潮起潮落，你的存在成了一片沙灘。這一秒，海浪覆蓋了沙灘。下一秒，潮水退卻，留下了滿地的垃圾。相信我，我不是在打擊你的信心，或要勸你別出生，我只想釐清彼此的責任，讓你知道自己該承擔哪些風險。你還有時間考慮，或說重新考慮自己的決定。就我來說，無論情況是好是壞，我都已經準備好了。但你呢？我已經問過你是否準備好要看著一個女人墜往一棵木蘭樹，以及看著巧克力如雨般從天而降到那些壓根兒不需要的人身上。現在我要問你，你是否已經準備好要清洗別人的內褲，並發現明日是昨日的重蹈覆轍。對你來說，每個昨天就等同明天，而每個明天都有新的難題要克服。你依然不知道現實世界最慘的問題：世界改變了，卻也完全沒變。

16

十週了。你的成長速度驚人地快。兩星期前，你不到三點五公分，重量只略超過三公克。現在，你已經有六點五公分大，重量接近八點五公克。你都長全了。雖然看起來再也不像條小魚，但你仍是用肺部在羊水裡呼吸。你的骨骼結構已經形成，硬骨也取代了軟骨。你的肋骨末梢正在接合，身體簡直就像件大衣一樣的扣鈕釦。你居住的那個蛋形空間雖然擴大，對你來說卻越來越窄。你很快就會覺得不舒服，你會翻來翻去，會伸展身體，你會第一次移動你的四肢，你會用手肘打打這裡，用膝蓋撞撞那裡，而我就在等你這麼做。你出的第一拳或第一腳就是徵兆，代表你想要出生。我母親在喝墮胎藥水時，我也是透過這麼做來叫她住手，因此她把藥水扔了。但我對未來的期望卻隨著你的成長而降低，你長得越快，我越覺得美好的未來離我遠去。這樣的情況讓我想起那支花了好長的時間才抵達的盟軍。都怪我不能亂動，在床上躺兩個星期對我來說太吃不消。那些得躺在床上七、八個月的女人究竟是怎麼辦到的？她們到底是女人還是毛毛蟲？我唯一能夠認同的，就是這麼做的確有幫助。那些痙攣、那些腹部下方的刺痛感都不見了，噁心感隨之消失，我的腿也不腫脹了，但原先的痛卻被某種疲乏，某種近似痛苦的焦慮取代。這種感覺是從哪裡來的呢？也許是因爲我不能四處走動，因爲我很無聊吧。我向來好動，也從未讓自己閒下來過。還剩兩天，我都快等不及了——感覺起來就像兩年一樣。今天早上我跟你吵了一架。有讓你不開心嗎？某種歇斯底里的症狀困住了我。當時，我告訴你說我也有自己的權利，誰都不該忘記這件事，就連你也不例外。我朝你大吼，說我被你煩死了，撐不下去了。那些話你都聽見了嗎？自從知道你已經閉上雙眼以後，我總覺得你沒有認眞聽我說話，只窩在無法感知外界的狀態裡。來嘛，醒醒嘛。不想啊？好吧，那就過來這裡，來我身旁吧。把你小小的頭放在枕頭上，我們彼此摟著，一起睡覺。你跟我，我跟你……再不會有其他人爬上我們的床。

17

他來過了，我沒想到他會來。當時是傍晚，門鎖轉動，我原本以爲是我朋友，她通常都會在晚飯以前來找我。事實上，我打了通電話給她，期望會看見她手裡拿著一小包東西進門，同時喘著氣說：抱歉我很趕，只買了肉類的冷盤跟些水果，明天見嘍。沒想到進門的卻是他，他一定是躡手躡腳走進來的。我轉過身就看到雙唇緊閉、捧著一把花的他。我先是感覺到肚子一陣劇痛，跟平常的刺痛不同，是種更劇烈的疼痛。就像你很害怕，不想看見他，用手抓住我，躲在我的子宮後面，要我保護你。接著就沒有辦法呼吸，感覺到身體一陣冰冷麻木。你也有相同的感覺嗎？會痛嗎？緊閉雙唇又捧著花的他就這麼不說一句話地站在那裡。我痛恨那張臉，也痛恨他手上的花。他幹麼夜賊似的來找我們？難道他不知道孕婦應該避免承受突如其來的壓力嗎？「你想幹麼？」我問他。他沉默不語地把花放在床上，我立刻把那些花拿走，並說把花放在床上會觸霉頭，因爲只有死人的床上才會擺花。我把那些花移到床頭櫃上。那是一束黃色的花，顯然是趕著買的，既沒有細心挑選也缺乏誠意。他沉默不動地站著，猶如一道出現在白色牆壁前面的高大黑影。但他沒有看我，他看著你那張釘在牆上的照片，是你兩個月大的照片，放大了四十倍。他似乎沒有辦法將視線從你身上移開，而越看，他的頭就越往內縮。最後，他用手摀住臉，同時落下眼淚。一開始只有幾滴，聽不見任何聲音，轉而變得很大聲。他還坐到床上，因爲這樣哭比較舒服。他只要一發出嗚咽聲，床就會隨之晃動。我很怕這麼做會影響到你。「床被你弄得一直搖，這種震動對胎兒不好。」我說。他把手從臉上移開，掏出一條手帕擦乾眼淚，然後改坐到一張椅子上。那張椅子就擺在你的照片底下。同時看著你們兩個的感覺很怪，你的瞳孔既沉穩又神祕，他的瞳孔則是不停閃爍，毫無祕密。然後他說：

「他也是我的孩子啊。」

我勃然大怒。我在床上坐起身，朝他大吼說你既不是我的也不是他的，你只屬於自己。我大吼說我恨死了這種浮誇的形容方式，聽起來就跟流行歌一樣愚蠢。而依據醫生的囑咐，我應該要保持平心靜氣才對。他來這裡幹什麼，來把你害死好省下墮胎費嗎？我把花砸往床頭櫃，砸了三、四次，砸到花瓣都像婚禮上的亮片般散落才罷手。躺回枕頭的時候，因爲流了一大堆汗，睡衣都黏到皮膚上，同時子宮也痛得教人難以忍受。他依舊沒動，低下頭，嘴裡喃喃地說：「妳怎麼可以這樣對我？妳怎麼可以這麼殘忍？」他接著滔滔不絕地講，主題不外乎是我錯了，你屬於我跟他，他想了很多，也承受了很多痛苦，過去兩個月以來都爲了你的問題而飽受折磨，直到最後才明白我的選擇是多麼偉大、多麼正確，我們絕對不能拋棄孩子，因爲孩子畢竟是孩子，不是什麼隨隨便便可以說丟就丟的東西。他又說了更多的陳腔濫調，我打斷他：「孩子不在你的體內，你又不用懷胎九個月。」他驚訝得張大嘴，「我還以爲妳想要孩子，想說妳心甘情願承受這一切。」

接著發生了一件連我自己都沒辦法理解的事情：我開始哭。你知道嗎，我從來都沒有哭過，我也不想哭，因爲哭很丟臉也很醜。但我越想忍，眼淚就流得越洶湧，簡直就像體內有什麼東西壞掉一樣。我也試著點菸，眼淚卻把菸弄濕了。於是你父親離開椅子朝我走來，怯生生地撫摸我的頭，然後喃喃地說：「我去煮點咖啡。」接著就進了廚房。他回來的時候，我已經控制住自己的情緒。但他沒有。他拿杯子的動作好像拿著珠寶似的，擔憂的表情非常誇張。我喝下咖啡，一直都在等他走，但他沒有走。他問我想吃什麼，於是我想起朋友沒有來，這才意識到原來是她要他來的。我的怒氣因此轉向她，轉向那些自以爲能夠用蟻丘生存法則來幫助你的人，轉向他們對於如何判定對錯的武斷思維。耶穌、馬利亞跟約瑟。約瑟要來做什麼？馬利亞自己把寶寶的事情處理得很好啊。在這整個傳說當中，唯一能讓人接受的只有母子間的緊密關係。說什麼女人不需要靠另一半就能懷孕，根本就是天大的謊言。爲什麼約瑟忽然出現了？他能幫什麼忙？牽引那頭不肯移動的頑固驢子嗎？剪斷臍帶並確保有排出整個胎盤嗎？還是為了要拯救未婚懷孕的不負責少女的聲譽？除非他像僕人般跟在後面只是為了求她的原諒，求她原諒曾經要她墮胎。我看著他跪在地板上收集那些四散的花瓣，心中沒有湧起絲毫的情誼。他的到來讓一切都失去平衡。他破壞你我之間的共同結構，擾亂了你我之間的計畫。瞧，一個陌生人就這樣從天而降，還自作主張地堵在我們中間，簡直就像有人送來一個多餘的家具，而這個家具只會擋路、占位置、遮擋光線，讓房裡變得亂七八糟而已。或許，如果他從最初就跟我們一直站在同一陣線，那麼此刻在場的他不單理當出現，更具必要性。我們會一起準備迎接你的到來，肯定是這樣。但他卻沒分寸地憑空出現，侵入我們只想兩人共處的世界，猶如一個失格的訪客在沒有受到邀請也沒有人要他這麼做的情況下，自顧自地坐到餐桌旁——幾乎可說是無禮了。我很想說：「請你走開。我們不需要你，不需要約瑟，也不需要全能的上帝。我們不需要一個父親，不需要一個丈夫，你是多餘的人。」卻說不出口。會選擇讓步也許是因為我膽小吧，我真的不知道該怎麼擺脫一個未經同意就坐在別人餐桌旁的不速之客。會讓步也許是因爲我的憐憫逐漸變成了理解，懊悔。雖然脆弱又懦弱，但誰又說得清他受過多少折磨？他自己又眞的知道嗎？誰又知道他費了多大的勁保持緘默，強迫自己帶著一束難看的花來到這裡？沒有人是靠單性生殖誕生的，穿破卵子的那一道光源自於他。你的身體是從一顆細胞核開始成長的，那顆細胞核有一半是他的貢獻。我的確也忘了這一切都是我們應付的代價，而這代價源於一條沒有人願意承認的法則：一個男人跟一個女人相遇，他們喜歡彼此，他們渴望彼此，或許愛上彼此，一段時間過去，他們不再愛彼此，不再渴望彼此，不再喜歡彼此，甚或寧願最初不要相遇。孩子，我找到了自己要的答案：發生在男女之間的，人們稱之爲愛情的東西是一段季節。如果適逢花開，這一季就會綠意盎然；倘若適逢凋零，留下的只有一堆腐爛的樹葉。

我任他去準備晚餐。任他打開那瓶荒謬的香檳。（進門時，他究竟把香檳藏在哪兒啊？）我任他去洗澡。（他在浴室裡不停地吹口哨，彷彿一切都已塵埃落定。）我也允許他在這裡過夜，在我們的床上。但今天一早，他一踏出門，我就覺得很羞愧。此刻，我覺得自己好似沒有盡到某種責任，好似我背叛了你。我們就一起盼望他不要再回來吧。

18

在床上躺了這麼久，總算可以上街去散步了！去感受風吹過你的臉龐，去感受陽光照進眼中，去看其他的人，去看這活生生的一切！要不是醫生的辦公室太遠，我一定會哼著歌走過去。我招了輛計程車。那司機眞是個混蛋，他抽的那根雪茄又粗又肥，味道直教我作嘔。他好幾次在根本沒必要的情況下踩煞車，害我的身體大力搖晃好幾次。我感覺一陣痙攣的時候，車才剛發動沒多久呢。我的愉悅心情也如往常一樣因焦慮而消失無蹤。醫師的辦公室裡有一排大肚子的女人，前台人員要我稍等，我很不開心。我不在乎跟一群大腹便便的女人排在一起。我跟她們截然不同，連肚子都不一樣，我的肚子不大，一般人根本看不太出來。

最後我總算進去，脫了衣服，躺到診療台上。醫師用手指折磨我，在裡面壓啊翻的，然後脫下橡膠手套，用冰冷的聲音問我說：「妳眞的打算生下這個孩子嗎？」眞不敢相信他會這麼問。「那當然。爲什麼這麼問？」我回答。「因爲很多女人嘴裡說要生，下意識卻根本不想生。她們甚至在沒有意識到的情況下做出任何會讓孩子無法順利出生的事情。」我又驚又氣。我說，我眞心誠意地想把孩子生下來，我不是來這裡接受審訊，也不是來這裡聊些什麼孕婦心理分析的，我只是來這裡看看你的情況怎麼樣而已。他語氣一轉，彬彬有禮地解釋他那些話的意思。關於我目前的懷孕狀況，有些事情他不是太明白。他認爲羊膜囊的位置看起來滿好的，很正常。他認爲胎兒發育得很好，跟常人無異。但有些事情不大對勁，舉例來說，子宮過於敏感，太過容易收縮，這會讓他懷疑血液是否沒有穩定地輸送到胎盤。我是不是有遵照他的指示靜靜躺在床上？我回答有。我有沒有遵照他的建議戒菸戒酒？我回答有。我有沒有可能因爲過於消耗體力而讓自己太累？我回答不可能。我有跟人發生性關係嗎？我再次否認。這是眞的，那天晚上，雖然他一直說我很殘忍，但我仍然沒有讓他靠近我。後來，醫生困惑不解地問：「妳有沒有在擔心什麼事情？」我回答有。「妳最近曾經遭受過任何心理上的衝擊或遇到任何麻煩嗎？」我猶豫了一下，然後說有。他盯著我看，沒問我是遭遇什麼樣的衝擊、什麼樣的麻煩。接著他解釋，有時候，擔憂、焦慮、衝擊比肉體上的疲乏還可怕，因爲這些因素會導致痙攣跟子宮收縮，嚴重地威脅到胚胎的生命。絕對不能忘記子宮跟腦下垂體是連結在一起的，一旦有任何刺激出現，都會立刻傳達到生殖器官。受到巨大的驚嚇、痛苦、憤怒，都會促使羊膜囊的一部分分離，就連持續的緊張、不間斷的焦慮都會造成同樣的後果。雖然他認爲那已經超過了科學的疆界，已經進入科幻小說或超心理學的領域，但人們的確可以說思想會殺人。在無意識的情況下的確是會發生的。基於這個原因，他堅持要我靜養，我一定要嚴格地迴避所有的情緒，所有負面的思維，關鍵要素是寧靜跟平穩。

「醫師，」我回答，「你怎麼不乾脆要我改變眼睛的顏色算了。要是我天生就是個情緒容易波動的人怎麼辦？」他抬起頭來冷冷地看著我，隨即又低下頭。「那是妳的問題，妳得自己想辦法。吃胖點吧。」然後他開了些治痙攣，和其他藥物給我。要是有出血的狀況，哪怕只有一滴，都要立刻來找他報到。

我很害怕，同時也很氣你。你以為我是什麼，一個讓你存放東西的瓶罐嗎？老天啊，我可是個女人，我可是個人啊。我不可能轉開腦袋，要自己什麼都別去想。我沒辦法抹殺自己的情感，也沒辦法不把情緒表現出來。我無法忽視憤怒、歡樂、哀傷等情緒。我有自己的情緒反應，有時候會覺得吃驚，有時候會覺得沮喪。就算眞的有辦法壓抑情緒，我也不想降格成為一株青菜或一台除了生小孩之外什麼都不會的活機器人！孩子，你要求得也太多了吧。一開始，你主張擁有我的肉體，並剝奪我最基本的移動權。接著，你甚至假定能夠控制我的心跟思想，要它們萎縮，阻止它們活動，要奪走它們感受、思考、生存的能力！你甚至要求我無知無覺。這太超過了，我沒辦法接受。孩子，如果你要跟我住在一起，我們最好達成一些協議。我會讓步，我會增重，我會讓你擁有我的肉身，但大腦就免談，反應也免談，我要保留這些東西。除了這些以外，我要求給我點獎勵，讓我能小小地開心一下。事實上，此刻的我正在喝一小杯威士忌，而且正一根接著一根地抽菸，同時回去工作，回去我那身爲人而非容器的生活，並且大哭特哭狂哭，也不過問這樣會不會讓你不舒服，因爲我受夠你了！

19

原諒我。我一定是喝醉，喝到腦子都不清醒了。看看這些菸蒂，看看這條濕答答的手帕。我愚蠢的憤怒帶來了多大的麻煩，造就了多糟糕的場面啊。完完全全自私自利。孩子，你還好嗎？希望比我好。我累死了，累到只想多活六個月，把你生下以後就死去。你會取代我在這個世界的位置，而我將永眠。這樣也不算死得太早，活到這把歲數，我覺得自己該看的也應該都看過了吧。一旦離開我的身體以後，你就不再需要我了。任何能愛你的女人都會是個很棒的母親，血緣關係並不重要，那只是有人編造出來的罷了。母親不是那個讓你在她子宮裡面成長的女人，而是會把你養大的女人，或者男人。我可以把你交給你父親。他不久前帶了朵藍玫瑰來給我，他說藍色是男孩的顏色。顯然他希望你是男生，那就會是他的功勞，表示他比我優越。可憐的男人，這不是他的錯。曾經也有人告訴過他上帝是個有白鬍子的老男人，馬利亞是個保溫箱，少了約瑟的話絕對找不到馬廄，而把火焰帶來人間的是普羅米修斯。我不會因爲這樣而瞧不起他，但我還是會說，無論是你或是我都不需要從他那邊得到什麼，也不需要他的藍玫瑰。我要他走開，留我們母子倆過活就好。聽我這麼說，他身體一晃，好像我拿了根棍子打他似的，然後朝門的方向走，什麼也沒說就出去了。我們要準備出門，工作，老闆再次保證他尊重我的決定，也提醒我必須遵照公司的規矩：懷孕的女性要到胎兒足六個月才可以請假休息。他同時提醒我出差的事情，並委婉而隱約地威脅要將這個任務改指派給一名男性，因爲**男人不會發生相同的狀況**。我盡力克制想打他的衝動，然後找些話搪塞。接下來的十天會很艱辛，我必須補足之前那段時間的工作量。但是我跟你說，一想到要回去工作，我的精神就爲之一振，之前的萎靡、讓我寧願死去的屈從心態都消失了。老天保佑，冬季已經到了，只要穿上大衣，人們就不會注意到我的大肚子。從現在開始，肚子還會越來越大。今天早上就比之前又大了些，導致我的洋裝變得太緊繃。十四週大的你知道自己的大小嗎？至少有十公分大。就連大小還不足以遮蓋羊膜囊的胎盤都因此往旁邊挪動。你正在侵略我的身體，毫無一絲憐憫。

20

我不怕見血。身爲女人總是要接受血的教育，我們每個月都會以憎惡的心情向它致上敬意。但看到枕頭上的那個小紅點時，我的眼前一片迷茫，雙腳開始顫抖。我先是嚇壞了，然後絕望，咒罵自己。我控訴自己輕忽大意，沒有好好照顧這個渺小、沒有辦法反抗、沒有辦法自我保護、沒有辦法自我防備，只能概括承受我的不負責任跟反覆無常的你。那個點甚至還算不上紅色，是粉紅色的，淡粉紅色。即使如此，已經足以傳遞你的訊息，宣布你說不定已經生命垂危。我拿起枕頭就跑，醫生出乎意料地仁慈，雖然已經傍晚，他依然接見了我，同時要我冷靜。你不會死，你仍然乖乖地待在羊膜囊裡，你只是會痛。這不過是個警訊而已。徹底的靜養會彌補這一切，前提是我必須徹底靜養，前提是我不能離開床，就連上廁所都不行，因此我最好住在醫院。我們住進了一家醫院，住進這個悲慘世界裡的一間悲慘病房。我們住了一個星期，因爲施打鎭定劑，這星期我昏昏沉沉，幾乎都在睡覺。他們此刻已經停用鎭定劑，但情況卻更糟。這裡的日子緩慢而沉悶，我不知道要怎麼消磨時間。我想看報紙，但院方不給我；我想看電視，但院方不給我；我想打電話，但誰也聯絡不上。我的朋友消失了，連你父親也一樣。殘忍的靜默壓得我喘不過氣。分派到我這間牢房的獄卒是一頭穿著白衣的雌性野獸。她頻繁出現，每次來就會不屑地幫我打一針葉黃素，連要傳遞些許溫柔給你都沒有辦法。毫無意義的一天又一天讓人窒息，但在這段動彈不得的日子裡，我的腦海中浮現很多想法，這些想法大聲地說出了一些我不知道自己竟然知道的事情。爲什麼我要承受這樣的痛苦？爲什麼？是因爲我犯下擁抱男人之罪嗎？是因爲有個細胞在未經我許可，而我也不想要的情況下自行一變二、二變四、四變八，乃至於無窮盡增殖的緣故嗎？又或者我是爲了生命才去承擔這一切？好吧，是爲了生命。但憑什麼你這個尙未完善的生命比我這個已然完善的生命更重要？憑什麼尊重你的意願的同時就不需要尊重我的意願？你根本就沒有人性。人性啊！你眞的算是個人嗎？我說你啊，子宮裡的一顆小泡沫跟一隻大小只有五微米的精蟲眞的就足以製造出人類嗎？我才是人類。我能夠思考、說話、大笑、哭泣，我能夠在這個創造出各種想法跟事物的世界裡自在行動。你不過是徒具肉身的小娃娃，不會思考、不會說話、不會笑也不會哭，只會讓自己長大。我看到的你根本不是你，是我自己！我賦予你思維，不停跟你對話，但你的思維就是我的思維，我們的對話其實是獨白：我的獨白！這齣喜劇，這齣精神錯亂的戲碼我已經演膩了。沒有人生來就可以稱爲人，沒有人在出生以前就可以稱爲人。我們是在那之後，是在出生以後才開始學習怎麼成爲人，因爲我們會跟其他人待在一起，因爲其他人會幫助我們，因爲母親或是女人或是男人或是某人會教導我們如何吃飯、如何走路、如何說話、如何思考，行爲舉止要怎麼做才會像個人。親愛的，唯一將我倆連結在一起的不過是條臍帶罷了。我們的關係並不對等，我們是迫害者與被迫害者。你是迫害者，而我是被迫害者。你像個小偷般鑽了進來，偷走我的子宮、我的血液、我的呼吸，如今你想偷走我整個人的存在價值，我不會讓你這麼做。既然我已經跟你提到這些千眞萬確的眞相，你知道我的結論是什麼嗎？我不知道自己幹麼要有小孩。我向來都沒辦法跟孩子自在地相處，我向來都沒辦法搞定他們，每次我笑著靠近，他們都會尖叫得好像剛剛被我打了一樣。母親這個工作不適合我，我的人生中還有其他責任。我有一份喜歡的工作，我也打算繼續做下去。我有美好的未來，我不打算就此放棄。那些人赦免了不想再養更多孩子的窮困女性，那些人赦免了遭強暴而不想生下強暴犯之子的女孩，那些人最好也一併赦免我。不是只有貧窮或遭強暴才能構成正當的藉口。我要離開醫院，接下那份差事。一切就順其自然吧。如果你順利活下來，我就會把你生下來；如果你失敗了，那就是死路一條。我不是要殺害你，搞清楚，我只是拒絕協助你繼續維持這樣的專制直到最後一刻而已，而且……

我知道，這跟我們本來說好的不同。但所謂的協議是指一方收到以後同意裡面的條款才簽字，我怎麼知道你會藉此奪走一切，什麼也不留給我？此外你根本就沒簽，簽字的人是我。這紙協議因此自然失效。你沒有簽字，我也沒有收到任何表示你同意的訊息。你給我的唯一訊息就是那滴粉紅色的血。我將因此遭受永恆的詛咒，我的生命將成爲一首至死不休的輓歌，但我絕不會更改自己的決定。

21

他說我是殺人犯。穿著白色夾克的他再也不是醫生，而是法官。他咆哮說我沒有盡到一個母親、一個女人、一個國民應盡的基本義務。他大吼說著連離開醫院都算是犯罪，連下床都是嚴重的違法行爲，試圖遠行則是預謀殺人，法律應該用懲罰殺人犯的方式懲罰我才對。接著他開始懇求，嘗試用你的照片來說服我。如果我還有心肝，就好好看上一眼吧，現在的你不管從哪個角度來看都是個孩子。你的嘴不再只是概念，那就是一張嘴。你的鼻子不再只是概念，那就是一個鼻子。你的臉不再只是雛形，那就是一張臉。你的身體、雙手、雙腳也都一樣，連腳趾甲都清晰可見。你那顆發育良好的小頭上也長出頭髮了。我應該要意識到你有多麼脆弱，他繼續說。看看你的皮膚吧，多麼纖細、多麼透明，你的每條血管、每條微血管、每條神經都因此看得清清楚楚。你也不像之前那麼小了，至少有十六公分，兩百公克重。就算我想墮胎，現在也不行，太晚了。他說，我竟然要去做比墮胎還糟糕的事情。我眼睛眨也沒眨地聽他說完這些話，然後在一張同意書上簽了字。上面寫說，他拒絕爲你跟我的生命負擔任何責任，而我猜未來若面臨什麼狀況，這張同意書會對他很有利。我看著他離開房間，他的臉色因憤怒而發青。就在這個時候，你動了。你做出了我期待、渴望已久的事情。你伸展一下身子，也許是打哈欠，然後稍稍地撞我一下。小小地踢了我一下，這是你第一次踢我……就跟我踢母親，要她別把我丟掉的時候一樣。我的雙腳變得很僵硬，有好幾秒的時間，我就這麼坐在那兒。我無法呼吸，我的太陽穴抽動，喉嚨出現灼燒感，淚水讓我看不清眼前的景象。眼淚隨即滑下，滴在同意書上，留下一滴小水漬。但我照樣從床上起身，照樣打包手提箱。我們明天就要搭飛機離開了。

22

眞的有必要這麼難過嗎？我們在這個國家適應得很好，整趟旅程都很順利，抵達後也沒有遇到什麼問題。沒有痙攣、疼痛或噁心感。那個醫生原本預期的事情一件也沒有發生，這是昨天檢查我的那個女醫師說的。她人很好，觸診結束後，她的結論是沒有什麼需要擔心的，她的同行太過謹愼也太過悲觀了。一小滴血算什麼？有些女人在整個懷孕過程中都在出血，到最後依然產下健康的孩子。她認爲成天躺在床上違反人類的天性，也過度謹愼。舉例來說，她有個病人是芭蕾舞者，直到懷孕五個月還在表演雙人舞蹈。她唯一覺得不可思議的，就是我的子宮幾乎沒有脹大，但那個芭蕾舞者的肚子也同樣近乎平坦。如果擔心，我一樣可以服用她的同行開的藥物，最重要的是，我應該要順其自然。她只警告我不要太常開車。我告訴她自己得開至少十天的車。她抬起眉毛，表情有點困惑，同時問我是不是真的有必要這麼做。我回答說對。她安靜了一會兒後就說，那就別放在心上吧，這個國家的道路既舒適又平坦，這個國家的車都配備性能良好的避震器。重點是不要過勞，每隔兩到三小時就要休息一下。聽見了嗎？我要說的是我們和好了，我們終於能夠當朋友了！我要說的是我很抱歉自己曾懷疑你、虐待你，倘若你因此而不開心，不再小力地踢我，會讓我更難過。自醫院那次以後，你就沒有再踢過我了。有時想到這件事就會讓我皺眉頭。

我沒有憂愁太久，很快就平靜下來。你有注意到我變了多少嗎？自從回歸正常生活後，我覺得自己煥然一新，有如一隻在天上翱翔的海鷗。我真的曾經一心求死？瘋了。生命多麼美好，多麼明亮。樹木多麼美麗啊，大地跟海洋也是。這裡有很多海，你有聞到海的氣息，聽見海的怒吼嗎？同時，如果喜悅在心中顫動，工作也會變得很美好。我先前曾跟你說工作總是讓人疲累、覺得羞辱，那是騙你的，請你務必原諒我。憤怒跟焦慮讓我只看得到事情的黑暗面。講到黑暗面，急躁的我又想要教導你一些事情了。因為這樣，我很擔心之前那些什麼自由並不存在、人生永遠孤獨一類的話會不會讓你覺得氣餒。忘掉那些傻話吧，跟別人肩並肩過日子其實挺好的。生命是共同體，我們手牽著手，彼此互相幫助、互相安慰。就連植物在齊放時也會開得比較好，鳥類會共同遷徙，魚類也會成群在海中游泳。如果只靠自己會怎麼樣呢？我們會覺得猶如月亮上的太空人，恐懼會讓我們無法呼吸，只想趕快回地球。快點，孩子，趕快過完剩下這幾個月吧，別害怕，往前靠，望向太陽吧。一開始你會目眩、懼怕，很快你就會覺得快樂又有活力，再也沒辦法適應沒有陽光的生活。我很後悔老是告訴你那些最醜惡的例子，從來沒有告訴過你黎明的光輝燦爛、吻的甜美、餐點的香氣。我很後悔從來沒有逗你笑過。從我告訴你的那些童話故事來判斷，你完全有資格認定我是個永遠都只穿黑衣的厄勒克特拉[2]。從現在開始，你一定要把我想成彼得潘，身上穿著有黃有綠有紅的衣服，準備要將花環四處套在屋頂、鐘樓跟雲朵上，好讓天氣能夠一直是晴天。我們會處得很快樂，因爲心底深處的我也是個孩子。相不相信我很調皮？昨天晚上回到飯店後，我把很多房間外面的鞋子跟早餐訂單互相調換。你眞該親耳聽聽今天早上引起多大的騷動啊。一位女士發現自己門口擺的是男性穿的平底便鞋，因此要求飯店的人員找回她的高跟涼鞋；一名男性發現門口擺的是運動鞋，因此想找回他的靴子。有人抗議飯店只幫他送來咖啡，但他點的明明就是火腿跟煎蛋；另一個人抱怨他沒有點聖誕特餐，他只點了檸檬茶。我把耳朵貼在門上邊聽邊笑，開心到彷彿回到童年時期，回到那段任何手勢或動作都能夠演變成一場遊戲的快樂時光。

2 希臘神話中的人物，其父阿卡曼儂為特洛伊戰爭中希臘的統帥。勝利回國後，阿卡曼儂遭妻子及情人合力殺害（因為阿卡曼儂曾獻祭自己的大女兒以求平息狩獵女神的怒氣）。多年以後，厄勒克特拉偕同弟弟一起報了父仇。在一些著名的繪畫跟戲劇中，厄勒克特拉都被描繪成穿著黑色喪服的女性。

我買了一個搖籃給你。在我買完以後，才想起來有些人認爲在孩子出生前買好搖籃會帶來厄運，就像在床上擺花一樣。那是個印第安式的搖籃，你可以像背包一樣背在背上。花色就跟彼得潘的衣服一樣有黃有綠有紅。我會把你背在背上，我會背著你四處跑，人們會面帶笑容地說：看看那兩個瘋孩子。我還買了一整個衣櫥的衣服給你，小小件的襯衫、連身衣。還有一個很漂亮的音樂玩具，這個玩具會演奏一首曲調歡快的華爾滋舞曲。我透過電話跟朋友說了這件事，她說我徹頭徹尾地瘋了。但她的語調很開心，完全沒有我們那天離開時的焦慮：如果妳在飛機上流產了怎麼辦？這是最早勸我把你拋棄的人耶！她眞的是個好女人。事實上，我一直沒有辦法針對那天她要你父親來找我們的事去苛責她。至於他呢，我認爲自己不應該拋棄這個可以承受在晚上被我趕出家門，卻還能在事後體諒我的男人。後來他寫了封信給我，我很感動。他在信裡承認，「我是懦夫，因爲我是男人。也因爲我是個男人，妳一定要寬恕我。」我猜可能是原始的衝動促使他很想保有你吧。我們再來研究看看之後要怎麼處理他。有時候，一件本來不想要的家具，會在事後證明有用處，而我當然不想成爲他的敵人。每個人都跟蟻丘簽了停戰協定：你父親，那些醫生，我老闆。你眞該看看我宣布我們要啓程時，我老闆臉上的表情。他一直說，「眞高興聽妳這麼說！好女孩，妳不會後悔的！」

我不會後悔的。只有先自重的女人才能要求別人尊重她；只有先相信自己的女人才能要求別人相信她。晚安，孩子，我們明天要開車去旅行。我想寫一首詩給你。詩裡會提到我的安心、我重新找回的信念，我想將花環四處散放到屋頂、鐘樓、雲朵上的願望，還有如同海鷗般飛翔在藍天，遠離所有汙穢不堪跟憂鬱悲傷，翱翔在一片從高處看來永遠都安靜無瑕的海面上的感覺。其實樂觀就是勇敢。我很悲觀，因爲我很懦弱。

這個國家的道路舒適又平坦，這個國家的車都配備性能良好的避震器。醫師小姐，妳也在撒謊，而我不是一隻海鷗。孩子，我現在該怎麼做？繼續前進？還是往回開？如果往回，情況會更糟，我得重走一次同樣坑坑洞洞的道路。如果繼續前進，說不定前面的路況比較好。要是我有勇氣形容，我會說自己正沿著一條如同人生的道路前進，到處都是坑洞、石頭跟障礙物。我曾認識一位作家，這人很喜歡說每個人的一生都是他應得的。就好像說窮人就是應該貧窮，瞎子就是應該眼盲。他是個蠢蛋，不過是個聰明的作家。聰明與愚蠢之間的界線非常薄弱，你以後就會知道。一旦界線崩解，兩邊的東西就會融合一體，例如愛與恨、生與死，無論男女都一樣。我一直在想你究竟是男還是女，現在我希望你是男的，這樣你就不用承受每個月的鮮血教育。有一天沿著一條布滿坑洞跟石頭的道路開車時，你也不會有罪惡感，不用承受我現在的痛苦，你能比我加倍自在地在藍天中翱翔。我企圖飛翔的努力最多就跟火雞振翅沒兩樣。也許那些燒掉胸罩的女人是對的，又或者她們是錯的呢？在她們之中，沒有一個人找到一種就算她們不生小孩，世界也不會滅亡的體制，而孩子都是由女人產下的。我知道有一則科幻故事，背景設定在一顆異星。在那顆星球上，如果想要繁衍後代，你必須隸屬於一個七人的團體，光是要找足七個人就困難重重，後續更困難的是他們還要達成協議，因爲不單受孕，就連懷孕都要牽涉全體七個人。因此這個種族滅亡了，那顆星球變得空空蕩蕩。還有另一個故事，在那個故事裡，主角只需要一杯鹼性溶液，也就是一杯鹽水便可以繁殖。他一口乾掉鹽水，然後砰！他變成了兩個。這只是很正常的細胞分裂，就在主角分裂的同時，他也不再是自己，他的自我意識死去了。但他沒有死，也不用經歷九個月的地獄。地獄嗎？對有些女性來說，那九個月充滿榮耀。最好的方法還是我最早跟你說的，你把胚胎從一個母親的子宮裡取出，然後放進另一個已經準備好要照顧寶寶的女人子宮裡。這個母親將會比我更有耐心，比我更寬容……我想我感冒了，肚子又開始痙攣。我必須不去理睬這些疼痛，但要怎麼做呢？我猜要把注意力放到別的事情上。我可以跟你說個童話故事，我已經好久沒有說故事給你聽了。

很久很久以前，有個女人很想要擁有一小塊月亮，不過其實只要能有一點點塵埃，她就會覺得心滿意足。這個夢想既不奇怪，也算不上不可能。她認得那些登月的男人，有一段時期很流行登上月球。那些男人從一個距離這裡不算遠的地方離陸，交通工具是連接在一架非常高的火箭頂端的小型太空船。每當有火箭發出隆隆的聲音，同時如彗星般噴射出火花升空時，那個女人就會很開心。她會對著火箭大喊：「衝啊，衝啊，衝啊！」然後焦急又羨慕地在接下來的三天三夜裡，關注這些在黑暗中航行的男人的旅程紀錄。飛往月球的男人都是笨蛋，他們臉部僵硬，跟石頭沒兩樣，不會笑也不會哭。對他們而言，登月僅是科學上的壯舉、科技上的突破，沒有其他意義。旅程中，他們從不會說出任何帶有詩意的話，只會講些數字、公式，還有一些無聊的資訊；他們唯一稍具人性的時刻就是詢問最新的足球比數。登上月球後，他們說的話更少了，頂多只會講個一、兩段預先準備好的聲明，接著插上錫製的旗幟，再用機器人般的僵硬姿勢做出平凡無奇的慶祝動作。他們啓程回地球，把一些排泄物都留著汙染月亮，這些排泄物也將成爲留在這裡證實人類曾踏上此處的證物。這些排泄物封在幾個箱子裡，這幾個箱子就留在那兒跟旗幟擺在一起，一旦知道這件事情後，你就再也沒有辦法看著月亮而不說出：「他們的排泄物也在那裡。」他們終於帶著一大堆石頭跟塵埃回來了。月之石，月之塵——正是那個女人夢寐以求的塵埃。再次見到他們時，她哀求說（我哀求說）：「可以給我一小塊月亮嗎？你們有好多耶！」但他們總是回答：「上面有規定，所以我們不能給妳。」他們帶回來的月亮都進了實驗室，放在那些認為登月就僅是科學上的壯舉、科技上的突破，再無其他意義的人們的桌上。他們是些傻蛋，因為他們欠缺靈魂。然而對我來說，其中有一個人稍微好些，因為他會笑也會哭。他長得又醜又矮，牙齒間有幾個縫隙，心中則存有莫大的恐懼。瞧，他以笑聲跟戴愚蠢帽子的行徑來隱藏自己的恐懼，就是這些愚蠢的帽子給了他一些人性。這就是為什麼我跟他是朋友。另一個原因則是他知道自己不配上月球，每次碰面，他都會碎唸個不停，「上去以後要說什麼？我又不是詩人，不知道要怎麼說出漂亮又意義深遠的話。」登月的前幾天，他來跟我道別，問我應該在月亮上說些什麼。我告訴他要說實話，一些誠摯的話——例如因為他很矮，就可以說他是個心中充滿恐懼的矮小男子。他喜歡我的建議，同時發誓，「如果有辦法回來，我會帶一小塊月亮回來給妳。月亮上的塵埃也是。」他離開也回來了。但回來以後的他變了，要是我打電話提醒他曾許下的承諾，他就會支吾其詞。後來，有天晚上，他邀請我去他家吃飯。我趕了過去，心想他總算要給我一些月亮了。我心神不安地坐在餐桌旁，這頓飯彷彿漫長得沒有盡頭。最後，他終於說：「現在，我要讓妳看看月亮。」而不是說：「現在，我要把月亮送給妳。」我當時沒有注意到兩句話之間的差異。他依然會戴愚蠢的帽子，他的笑聲依舊古怪。我沒有想到他竟然會在天上失去了我曾認爲他擁有的一丁點人性。

他眨著眼帶我進去他的辦公室，打開一個上了鎖的櫃子。裡面放了幾樣東西：某種鑷子、一把鋤頭、一根管子，這些東西的上面都覆蓋一層銀灰色的奇怪粉末。是月之塵。我的心開始狂跳，我伸出一隻手，輕輕地握住那把鑷子。鑷子很輕，幾乎沒有重量。鑷子上的塵埃有如蜜粉，有如皮膚上的另一層銀色肌膚。很難形容親眼看著月亮出現在自己的皮膚上是什麼感覺。也許這就像在時空裡延展、膨脹。或也可以說，藉由觸碰到原本無法觸碰的東西，我親身體驗到無限的概念。這是我現在的想法——當時我根本沒辦法思考。就連現在，即使我細細回想，也只能告訴你，當時的我手裡拿著那把鏟子茫茫然地站著，沒有意識到他變得很不耐煩。意識到時，我就把鏟子交還給他，同時喃喃說：「謝謝。可以把那些塵埃給我了嗎？」他立刻變得很冷淡。「什麼塵埃？」「你答應過要給我的月之塵啊。」他回答說：「剛給過妳了，我剛讓妳碰了。」我以爲他在開玩笑。比幾年還長的幾秒鐘過去了，我才明白他沒有在開玩笑，他認爲自己已經透過讓我碰那把鏟子實現了諾言。這就是你對待窮人的方式。你讓他們從玻璃櫥窗看到珠寶，或讓他們從遠方觀看一場饗宴卻不許他們出席。我又驚訝又難過，心情壞到沒辦法回嘴，沒辦法斥責他的卑鄙。我只是在想：要怎麼樣才能讓他相信這麼做實在是太殘忍呢？懷抱著這樣的希望，我開始求他，解釋說我不是想要月亮的碎片，我只是想要他曾經答應過要給我的月之塵，一點點就好，櫃子裡還有這麼多，每樣東西上都覆蓋了一層，他只需要給我個什麼東西讓我收集一點就好，而非只沾黏在我的皮膚上，這樣我才能在往後的日子裡一次又一次地看著這些塵埃。這件事一直都是我的夢想，他知道我的要求並不過分。但我的態度越卑微，他就越殘忍。他冷冷地瞪著我，什麼話也沒說。最後，他默默地把櫃子鎖起來，走出房間。他在客廳的太太問我們要不要喝咖啡。

我沒有回答，站在那兒看著覆蓋一層月亮的雙手。月亮就在我的手上，我卻不知道要在哪裡將它放下，如何將它保存起來。哪怕輕輕一碰，月亮也將隨之消失。我的腦袋無望地想找出答案，找出能夠保存它的辦法，卻陷入一團迷霧中，迷霧裡有個句子：「這就像要卸掉蜜粉一樣。我抹哪裡，哪裡的蜜粉就會消失。」這真是天底下最大的折磨，這種刑罰就連坦塔勒斯[3]都沒聽過。每當坦塔勒斯快要摘到水果的時候，水果就會消失；如果他摘到，水果就不會消失了。因

3 希臘神話中的人物。在最廣為人知的版本中，他因烹煮自己的孩子給眾神吃而被判永遠在地獄裡受罰。他站在一座池子裡，身旁長了一棵果樹，果樹的枝條懸在他的頭頂。每當他飢餓想吃果子，樹枝就會提高讓他吃不到；每當他渴了想喝水，水就會退去讓他沒得喝。在他頭頂的高處還懸掛著一顆巨石，讓他永遠惶惶不安。

此我看了自己那隻銀色的手最後一眼，那隻手的手心依然大張，表現出一種古怪的懇求姿勢。我吞下想哭的衝動，苦笑了一番。月亮穿過無窮盡的距離來到我的身旁，染亮了我的皮膚，我現在卻要將它拋棄，永永遠遠地拋棄。無論再怎麼想維持自己五指大張的動作，無論再怎麼避免碰觸任何東西，終究不可能辦到。你知道的，遲早我得用手去碰什麼，而屆時，一切就會如同煙霧般在空中消失。這一切都是一個蠢蛋所開的愚蠢玩笑，我憤怒地握緊拳頭。我再次攤開手，現在，我只看得到手掌上留下隱約的阿拉伯式花紋[4]：骯髒、線條凌亂、醜惡得讓人看不下去。我夢想、等待了這麼久，就只爲了看這醜惡的圖樣嗎？我把手掌上的塵埃抹在櫃子的門上。門上留下了油般的印記，有如蝸牛的黏液，有如一道長長的淚痕。

離開那幢房子時，皎潔的月光照亮了黑夜。我用迷濛的雙眼望著月亮，心

4 伊斯蘭藝術的重要元素，由不斷重複的幾何圖形構成，其圖形多取材自植物，無數的幾何圖形組合象徵真主無限的創造屬性。

想：每次只要出現某種潔白純淨的東西，就總會有人用自己的排泄物去玷汙它。接著我想：爲什麼？爲什麼要這麼做呢？到了旅館以後，我轉開水龍頭洗手，暗色的液體流淌而下，很快地消失在暗色的漩渦中。孩子，你就像是我的月亮，我的月之塵。痙攣的強度增加了，我再也無法繼續開車。要是我能找到一家汽車旅館，找到一個能停車休息的地方就好了。也許等到神志清楚一些，我就能找到辦法，挽回一些還能挽回的東西，找到辦法不要拋棄我的月亮。我不想要再一次失去月亮，我不想要看著它再一次消失在洗手台的深處。但只是徒然。我動彈不得，就如同知道你存在的那天晚上一樣，現在的我很確定你奄奄一息。

我中斷了旅程，回到城市，打電話給醫生。她覺得不可置信。她一直要我冷靜，兩星期前一切都很平穩，這一定只是我自己想像出來的。我回答說鮮血不會是想像，我在一家汽車旅館住了一個星期，結果只是不停地出血。我立刻回來找她。應門的她掛著微笑，樂觀一如往昔。她都還沒開口，我就已經在第一時間脫掉衣物，在診療台上躺下，她把手放在我的胸口。「妳的心臟跳得好猛好大聲，簡直就像在打鼓一樣。」我對她的仁慈跟微笑都沒有任何反應。此刻，他人的憐憫對我來說毫無幫助。我清楚覺得自己在參與一場沒有必要的儀式，我一直在偷偷期待，甚至渴望這一天的到來。我已經準備好了，一切就交給命運。我深信自己不會有什麼反應，因爲該說的都已經說了，該痛的都已經痛了。但當儀式一開始，我就明白自己永遠也無法從容地面對，就連聽見她的問題、回答她的問題都教我心痛。「最近有感覺到他在動嗎？」「沒有。」「過去幾天有覺得身體比較沉重，行動比較不方便嗎？」「沒有。」「妳是什麼時候開始覺得……」「在那條坑坑疤疤的道路上，在抵達汽車旅館之前。」「光這樣還沒有辦法判定，而且下判斷的人是我，對不對？」她讓我的肚子露出來，隨後注意到腹部看起來比之前更平坦。她摸了摸我的胸部，觀察到乳房沒有之前那麼腫脹。她戴上橡膠手套，試著要感受你的存在。她前額一皺，雙眼一沉，同時說：「子宮失去了彈性，看起來是萎縮了。有可能孩子沒有正常發育或已經不再成長。我們得做個身體檢查才能確定狀況，等個幾天吧。」她脫下手套丟到一旁，然後把雙手放在診療台上，傾身向前。她難過地凝望著我。「不，我不如現在就說吧。妳說得沒錯。孩子停止發育了——至少已經停了兩週，也可能是三週。勇敢點吧。結束了。他死了。」

我沒有回答，我沒有反應，連眼睛都沒眨。我動彈不得，安安靜靜地躺在那兒。我的大腦也安靜而動彈不得，連一個想法、一個字都冒不出來。只覺得肚子重得無法承受，有個看不見的重擔壓在上面，彷彿天空靜悄悄地落在我的身上。在這個全然靜止、全然無聲的環境中，她說的話猶如槍響般炸開：「打起精神吧，起來，把衣服穿好。」我站起來，雙腳重得像石頭的外面又裹了一層石頭。我得要費上常人難以想像的勁才能操控它們。我穿上衣服，聽見自己的聲音問說再來該做什麼。「什麼也不用做。胎兒會在體內留一陣子，然後就會自然而然地排出體外。」我點點頭。接著她用那遠在天邊的聲音開始一句又一句地說。她喃喃不停地鼓勵我不要太灰心，很多孩子都是因爲有缺陷或是發育不良才會胎死腹中，也沒有人會想要生下有缺陷或發育不良的孩子。我不該指責自己，我不該因為沒有犯下的錯而怪罪自己，懷孕就該順其自然，她反對那些把女人困在床上好幾個月而不順其自然的醫療體系。我結了帳，跟她點頭，說了再見。我穿過兩排隆起的大腹，它們好似在控訴我那平坦的肚子裡裹著一具屍體。到最後我心想：一切都是注定；我一定要維持理性的心態。理性這個字就這樣陪我回到飯店，沿途執迷不停地在我腦裡敲啊敲：理性，理性，理性。但當我進到房間，當我看見搖籃，看見音樂玩具，看見衣櫥裡的小小襯衫，一聲哀鳴從我的體內竄了出去。我跌在床上，第二聲哀鳴隨之衝出，然後一聲又一聲，直到從我體內深處，從你那猶如一坨無用的小肉塊般躺著的身體深處湧現了一聲哭號，那哭號讓我僵硬的身軀產生裂縫，讓我的身體碎裂成千百片，讓我的身體崩解成塵埃。我大聲尖叫——隨即暈了過去。

23

這件事可能是我在作夢，或也可能是我精神錯亂……但總之就是發生了，細節我都記得清清楚楚。那是一間一塵不染的白色房間，房裡有七張長椅跟一個牢籠。我在籠裡，他們則坐在遠處我碰不著的長椅上。出差前負責照料我的醫生坐在中間的長椅上，他的右手邊坐著那位女醫師，左手邊則是我的老闆。我的老闆旁邊坐著我那朋友，朋友的旁邊則是你父親。女醫師的旁邊坐著我父母。沒有其他人了，房間裡的牆面或地板上都沒有任何東西。我立刻就明白一場審判即將展開，在這場審判裡我是被告，這些人則是陪審團。我既不緊張也不驚慌，我無比順從地一一審視他們。你父親一如來看我的那天一樣摀著臉輕聲哭泣，我的父母低垂著頭，簡直就像極度的疲累或難過壓得他們抬不起頭來一樣，我朋友看起來很難過，我看不出另外三個人的情緒。醫生站起來，開始宣讀一張紙上的內容：「被告就在現場。陪審團齊聚一堂，是爲了要審判其預謀殺人的犯行。她冷漠、自私，欠缺對胎兒生命權最基本的尊重。她渴望並促成了孩子的死亡。」他隨後放下那張紙，解釋審判如何進行，每個人都將以證人及陪審員的身分發言，接著要大聲說出他或她的選擇：有罪或是無罪。判決採用多數表決，若被告有罪，也將一併決定懲處。審判即刻開始，他擔任第一位發言者。他的話語猶如一陣吹起的寒風。

「一個孩子可不是一顆爛牙，一個人可不能輕輕鬆鬆地把孩子取出，扔進裝了髒棉花跟紗布的垃圾桶裡。孩子是人，人的生命源自受孕，直到死亡方畫下休止符。有些人會質疑這樣的衡量方式。你們會說所謂的人不是從受精那一刻起算數，那時的我們不過只是會增殖的細胞罷了，不能算作生命。或也許可以說跟一棵樹、一隻小蟲沒兩樣，砍樹或捏碎小蟲的行爲怎能算得上犯罪。身爲科學家，我可以立刻跟你們說，一棵樹或一隻蟲才不會變成人類。要製造出一個人需要的所有元素，從身體到個性，都蘊藏在那個細胞中；要構成一個個體需要的所有要件，從血液到心智，也都蘊藏在那個細胞中。那些胚胎所代表的遠超過一份藍圖或一種可能性。如果世界上有一台顯微鏡能讓我們看見那肉眼不可見的景象，如果我們有機會能用這台顯微鏡好好看看這些胚胎，我們就會跪下並相信上帝的存在。雖然聽起來很荒謬，但我想爲她這樣的行爲冠上謀殺的罪名。此外，我還要補充，除非仁慈有質量上的差別，除非殺人有體積上的差別，我們才會說殺一個一百公斤重的人比殺一個五十公斤重的人還要嚴重。請坐在我右手邊的同行別一臉看戲似的。我對她的論點持保留態度，但我對她身爲職業醫療人員的行醫方式有意見。那個牢籠裡不應該只關進一個女人，應該要關進兩個。」他看著那名女醫師，眼神嚴峻而鄙視。抽著菸的她平靜地回應他的目光，她從容的態度讓我的心裡舒坦不少，也帶給了我些許的溫暖。但那冰冷的聲音隨即再度響起。

「不過我們不是來這裡審理一樁細胞死亡的案件，我們是來這裡審理一樁至少三個月大胎兒的死亡案件。誰，又或者是什麼東西觸發了他的死亡？是未知的自然情況嗎？凶手另有其人嗎？又或者就是你們眼前那位關在牢籠中的女人呢？我可以證明就是你們眼前這個關在牢籠中的女人導致胎兒的死亡。我從一開始就懷疑她的心態不是沒有原因的，我見識過太多想要殺小孩的人了，就算她假意說想要留下孩子，我也能識破她的眞面目。她先用那個謊言欺騙自己，再去欺騙其他人。舉例來說，我對她那鋼鐵般的冷酷印象深刻。她來做懷孕檢查，檢測結果是陽性，我跟她道賀，她只冷冷地說她早就知道了。後來，因爲子宮收縮的原因，她的腹部有痙攣的現象，我要求她躺在床上靜養，而她的反應也教我大吃一驚。她回答說，她沒有餘裕去做那種事，最多只能躺個兩星期。我得堅持己見，同時又是生氣又是哀求地要她接受我的建議。因此，我深信她根本不想承擔母親的責任，她壓根兒就是個不負責任的媽媽。不只這樣，她還一次次地打電話給我，說她狀況很好，沒必要繼續臥床靜養，抗議她還有份工作得做，不能老待在床上。我再見到她的那天早上，她滿臉的不愉快。就在那次檢查的過程中，我對她的疑心越來越重，還發現這個女人有做壞事的打算。她的身體很健康，子宮或其他器官也沒什麼問題，懷孕不應該會讓她這麼痛苦才對。導致她痙攣的唯一可能性來自心理問題，而且是她自己造成的。我質問了她。她隨即坦承，輕描淡寫地說的確有些煩惱。她也拐彎抹角地說自己有點傷心，由於事實就擺在眼前，我不費吹灰之力就知道她的傷心正源於懷孕。最後我問她是否眞的想要小孩，並跟她解釋有時候我們光憑想法就能殺死一個人，她得把焦慮的心情轉爲平穩才行。她立刻火冒三丈，生氣地說怎麼不乾脆要她去改變眼睛的顏色算了。幾天以後她又回來了。她回歸原先的生活型態，身體狀況卻也因此惡化了。我安排她住院，我讓她動也不能動地在那裡待了一個星期，並透過藥物讓她的精神狀況穩定下來。

「各位女士，各位先生，現在我們要講她的犯行了。在進入這個話題之前，請容我多說一句，假設你們其中一位病得很重，需要某種特定藥物才有辦法治好，而這藥就近在咫尺，只需要有個人輕輕鬆鬆地把救命良藥交到你手上，就能救你一命。但如果這個人不拿藥給你，反而把藥倒掉，換成毒藥，你會怎麼形容這個人呢？瘋子？壞蛋？不肯伸出援手的罪犯？不，這些都還不夠。我會說他是殺人犯。陪審團的各位女士、先生，這孩子顯然生了病，而這唾手可得的妙藥就是靜養。但這個女人不但不這麼做，還用旅行這種毒藥去傷害這個孩子，今天就算是比較健康的胎兒都未必承受得了這樣的舟車勞頓。長時間自己一個人搭飛機，還開車沿著崎嶇不平、狀況時好時壞的道路前進。我求她別這麼做，跟她解釋此刻這個孩子不再只是個會自我增殖的細胞，而是個確確實實的嬰兒。我警告說這麼做會害死孩子，她嚴肅而無情地拒絕接受我的建言，她在一張紙上簽了字，藉此表明願意自行承擔後續的所有責任。她離開了醫院。她殺死了這個孩子。誠然，倘若我們今天是在一個依據現行法條審理案件的法院裡，要堅稱她有罪非常不容易。她沒有使用探針，沒有服藥，也沒有動過墮胎手術。根據現行的法律來看，由於缺乏事證，這個女人不會有罪。但是各位女士、各位先生，我們是生命的陪審團，我奉生命之名告訴你們，她的行為比使用探針、服藥、動墮胎手術還糟糕。因爲她虛僞、懦弱，而且不用承擔任何犯法的風險。

「如果有看到任何足以減輕其罪行的情形，我會很樂意赦免她一部分的罪。但我既沒有看到上述情形，也不知道該從何赦免起。她是窮人嗎？她的經濟狀況有困頓到無法養活一個小孩嗎？當然沒有，她自己很清楚。雖然她未婚懷孕，但社會大衆會因此而迫害她，逼得她必須起身捍衛自己的尊嚴嗎？就連這種情況都沒有啊。在她所屬的社會體系之中，人們不但不會因爲這種行爲而排擠她，更會將她視爲一名英雄。但不管怎麼說，她都不相信社會的法則，她拒絕接受上帝、國家、家庭、婚姻，以及與他人在社會中共同生活的基本原則。她罪無可赦，因爲她假自由之名犯罪。她宣稱的自由很自私，只在乎自己，完全不在乎他人及他人的權利。我剛剛使用了權利這個字。我會使用權利這個字，是爲了要防止安樂死這個字的出現。我會使用權利這個字，也是要避免你們回答說，選擇讓孩子死去是她的權利，她這麼做，是爲了讓整個社會免於肩負照顧一個病弱，也就是有缺陷的個體的重擔。我們沒有資格以眞理之名裁定某人有無缺陷。希臘史詩巨匠荷馬眼盲，義大利浪漫詩人李歐帕迪患有駝背。要是斯巴達人把病弱的孩子丟進山谷中，要是母親們選擇讓孱弱的胎兒統統流產，今天世界各地的人類文明都將變得更為貧瘠。我絕不認為奧運冠軍比跛腳詩人更具存在價值。至於母親在子宮裡為孕育將成為奧運選手或跛腳詩人的胎兒犧牲，請容我提醒各位，不管喜歡與否，這就是我們人類繁衍的方式。據此，我判定她有罪！」

他的怒吼使我失去知覺。我閉上雙眼，因此錯過了女醫師起身準備談話的畫面。抬起頭看時，她已經開始說話了。

「我的同行忘了說，每個荷馬出生的同時，也會有個希特勒誕生。每次受孕都是一場好壞機率各半的挑戰。我不知道這個孩子將來會成為聖女貞德還是希特勒，死亡時，他未來會成為怎麼樣的人仍是未知數。但我知道這個女人的身分，她是個不應當遭摧毀的、確確實實的人。如果要我在未知與確實之間選擇挽救其中一方，我會選擇後者。我的同行似乎把生命當成了宗教，而且對此狂熱不已。但他只信仰那些未到來之人，他並沒有把同樣的狂熱延伸到那些已經存在的人身上。『生命教』到頭來不過是空談罷了，就連那句**一個孩子可不是一顆爛牙**也不過是句好聽話而已。我相信我的同行曾上過戰場，也曾開槍殺人，他卻忘記那些死去的二十歲士兵既不是孩子也不是爛牙。最恐怖的殺嬰手法就是戰爭，讓這些嬰兒多活二十年後才大量屠殺他們。他卻奉許多宗教狂熱之名接受戰爭的存在，而且不將他那套衡量生命的理論套用在這些大孩子身上。就連身為科學家的我都無法認眞看待他那套理論。如果我也這麼做，每次只要有卵子在還沒有受精的狀況下死去，每次只要那兩億隻精子沒有辦法游到目的地，沒有辦法穿越卵膜，我就得為它們哀悼。更慘的是，就算卵子順利受精，我依然得為那些輸給一隻成功鑽進卵膜的精子的一億九千九百九十九萬九千九百九十九隻同伴哀悼。它們也是上帝的造物，它們也有生命，蘊藏著要製造出一個個體的所有元素。難道我的同行從沒有用顯微鏡觀察過它們嗎？難道他從沒有見過它們如同一群蝌蚪般用尾巴游泳嗎？難道他從沒有看過它們在透明帶上奮力掙扎、死命用頭去撞，知道失敗就只有死路一條嗎？看著那景象會讓人非常難過。對那種景象視而不見，說起來我這身爲男性的同行對同性還眞不厚道。我實在不想讓自己接下來要說的話聽起來像是一則詼諧的諷刺，但既然認爲生命這麼重要，他怎麼能一聲不吭地看著這幾億幾兆隻精子死去？這只算沒有伸出援手嗎？算不算犯罪呢？顯然是犯罪行爲，他也應該要關進那個牢籠才對。如果他人不在裡面，我們立刻就能知道他剛剛對我們說謊，他那尊重生命的觀點並非如此純粹，也受到另一派觀點的影響。問題不在於要讓最大限度的個體誕生，而是要盡可能地減輕那些已經存活在這世上的人的不幸才對。

「儘管如此，針對這位同行暗指我是共犯一事，我不打算要辯駁。他頂多只能指控我判斷錯誤，就算是生命陪審團也不能說我必須因此而負擔責任。除此之外，我會這麼說乃是基於人道的理由，我對自己的判斷絲毫不後悔。懷孕不是大自然給你的懲罰，不是爲了追求一時的刺激而需負擔的代價。如果我們認爲樹木跟魚類是大自然的恩賜，就應該要認同懷孕也是自然界的奇蹟。除非本當如此，否則你不能要求一名女性癱瘓地躺在床上好幾個月。換句話說，你不能要求她捨棄自己的行動能力，捨棄她的個性，捨棄她的自由。男人從性愛得到的歡愉比女人還多，但你會這樣要求男人嗎？顯然我的同行並不認為女人跟男人一樣有權決定怎麼使用自己的身體，顯然他認為男人有如蜜蜂，理當拈花惹草，女人除了繁衍後代之外一無是處。這種事情在我們這行常見，婦產科醫師特別喜歡肥胖的病患，因為她們都是些心平氣和、不怕受拘束的母雞。但我們不是來這裡審判醫生的，我們是來這裡審判一個被控預謀殺人的女性。她犯案使用的不是凶器，卻是思想。我有具體的理由否定這項指控。我告訴她檢查結果胎兒一切正常的那天，我看著她終於放下心中的大石。知道胎兒死亡的那天，我看著她因此經歷了莫大的痛苦。我剛剛用的詞是胎兒，而非孩子：科學允許我區分兩者之間的差別。我們都知道胎兒在離開母體後能夠生存才能稱為孩子，那只有在足胎九個月的情況下才辦得到，在某些特別的情況裡，也是有七個月的案例。但讓我們承認事實吧，就算今天他不是胎兒，就算他今天已經是個孩子好了，這個罪行依然不成立。我親愛的同行啊，這個女人渴望的並不是孩子的死亡，她渴望的是自己的生命。不幸的是，在某些狀況下，要讓我們自己存活下去，另一個人就必須死去。要讓另一個人存活下去，我們就必須死去。我們會對那些對我們開槍的人開槍，法律稱這樣的行爲叫正當防衛。就算這個女人眞的下意識渴望自己的孩子死去好了，她會這麼做也是屬於正當防衛。因此，她無罪。」

然後你父親站了起來，他當時已經沒在哭了。但一開口，他的臉頰就開始顫動，眼淚再次湧出。他又摀住雙眼，重重地坐回位子上。「所以你不打算說話嗎？」醫師急躁地問。你父親輕輕地搖了搖頭，彷彿在回答：對。「但是你不能放棄自己的投票權。」其他人堅持，你父親哭得更慘了。「請投票！」你父親沒說話，只擤了擤鼻子。「有罪無罪？」你父親長長地嘆了口氣，喃喃地說：「有罪。」此時發生了一件很可怕的事情，我朋友轉過身甩了他一巴掌。而在他一臉蒼白地坐在那兒輕撫自己的臉時，她大叫說：「懦夫！你這個僞善的懦夫！你這個只會打電話要她墮胎的人，你這個只會跟個逃兵一樣躲兩個月的人，你這個要等到我打電話求你才肯去看她的人，你就只會幹這些鳥事，不是嗎？你很害怕，所以留我們自己想辦法。等到終於回來，你就只會宣稱你是孩子的爸。你根本什麼都不用做！你需要頂著一個在衣服裡裹得緊緊的超級大肚子嗎？你需要承受分娩的痛苦，需要承受照顧孩子的勞苦嗎？爲人父母對你來說就跟一碗已經煮好也幫你舀好的湯，或是一件已經燙好幫你放在床上的襯衫一樣。除非你們結婚，你才需要提供一個姓氏給孩子。但如果連這都躲得掉，你還眞的什麼事也犯不著操心。女人得扛起所有的責任，所有的痛苦跟羞辱。如果她跟你做愛，你就可以叫她婊子，在字典裡卻沒有一個意思一樣但是用來形容男性的詞彙，而倘若要創造新詞，又會犯語意學上的錯誤。千百年來，你們男人把這樣的字眼強加在我們身上，要我們遵守你們的規則，然後壓榨我們。千百年來，你們男人只會使用我們的身體，卻沒有回饋我們任何東西。千百年來，你們男人就只會要我們閉嘴，同時把母親這個工作丟給我們。你們在每個女人身上找尋母親，你們要求每個女人當你們的媽，就算對方是你的女兒也不例外。你們男人說我們的肌肉沒有你們強健，卻把重擔都交給我們，甚至還要幫你把鞋擦亮。你們男人說我們沒有你們聰明，卻要壓榨我們的智慧，甚至還要幫你管家計。你們是一群永遠都長不大的孩子，就算老了也是老孩子，需要別人餵食、清潔、服侍、給建議、安慰、保護，好讓你保有自己的弱點跟懶散的習慣。我瞧不起你們。我也因為自己要依賴你們，也因為沒有更常對你們大吼大叫而瞧不起自己。我們都已經疲於當你們男人的媽了。母親，這個你們出於自私、出於自己的需要而將之神聖化的詞彙，我們都已經聽膩了。醫師，我也要吐你口水。女人在你眼中就只是一個子宮跟一對卵巢，沒有大腦。每當看到孕婦，你心裡就會想：『一開始她還挺快活的，現在跑來找我了吧。』醫師啊，你都沒快活過嗎？你就連一秒都沒有把生命這個宗教拋在腦後過嗎？細胞那部分你講得實在頭頭是道，讓人不禁懷疑你其實心有妒忌，妒忌這個你的同行稱之為奇蹟的懷孕行為。但不，我想你不會的。這個奇蹟對你來說是犧牲。身為男人，你根本就承擔不了懷孕的苦。醫師，我們今天不是在審判一個女人，而是在審判所有的女人。我有權表達一下另一種觀點，把一件事情裝進醫師你的腦袋裡：懷孕並非道德上的義務。懷孕也不是身為人類就一定非做不可的事。這是一個有意識的選擇。這個女人在有意識的情況下選擇了懷孕，她壓根兒沒想要殺誰。眞的想要殺她的人是你，醫師，你甚至連她的思維能力都否定。也因此，應該關在牢籠裡的人是你。不是因爲你沒有拯救那好幾百億隻的蠢精蟲，而是因爲你意圖謀殺女性。根據上述的所有論點，不用說，被告當然無罪。」

然後我的老闆站了起來，臉上尷尬的神情明顯虛假。他說自己不知道該講些什麼，因爲他覺得自己有如局外人，沒資格擔任陪審員。其他人都跟被告的孩子在職業或情感領域上有所關聯，而他不過是她的雇主罷了。因此，事情發展至現在的局面，他只能說太慶幸了。即使一心想寬大爲懷，但他總認爲懷孕是種阻礙，或可以形容爲一場會害他損失不少錢的大災難。想想看，就因爲一條荒謬的爛法律，即使她請了產假好幾個月不用上班，公司還是得支付她一大筆薪水。那孩子聰明多了，比他母親聰明多了。此外，他還用生命保護了公司的名聲。要是社會大衆看到他們公司有未婚的員工懷裡抱著個新生兒會做何感想？他並不恥於承認，要是這個女人接受他的提議，他就會幫她處理掉這個不合時宜的胎兒。但他不單是個生意人，他還是個男人。他前面那兩位陪審員，當然，他指的是那兩位男陪審員，讓他調整了自己原先的想法。那位醫師訴諸邏輯與道德，孩子的父親則訴諸悲傷。反覆思量後，他不由自主地往前者的理性與後者的哀傷靠攏。一個孩子屬於他的父母，兩人具備等量的所有權。如果被告眞的犯罪，我們就要問這算不算是雙倍的罪行，因爲不單胎兒的生命遭到抹殺，一名成年男子的人生也隨之變得支離破碎。當然我們有必要決定被告到底有沒有犯下這個罪，可是針對這點眞的有任何疑慮嗎？既然那位醫師已經提供了堅不可摧的證言，我們還需要再去尋找更多的證據嗎？那位醫師過於著重在提及一種普遍的自私心態。身爲這名女性的雇主的他可以公開被告明確的動機跟理由。這次的出差在公司裡人盡皆知，被告很擔心這個任務會被指派給另一名跟她競爭的同事。這就是爲什麼她選擇跳下床、搭上飛機出國，將子宮裡所孕育的生命拋在腦後。她缺乏對胎兒的同理心。就讓她的同夥朝他吐口水吧，就讓她出言羞辱他吧。他認爲被告有罪。

我的眼神接著望向父母，我無聲地懇求他們，因爲如果我想獲得救贖，他們會是我最後的希望。他們心灰意冷地回望我，看起來筋疲力竭，比審判初始時老上許多。他們的頭往前低垂，彷彿脖子撐不住頭的重量。他們的身體在顫抖，彷彿很冷。滿腔的悲傷讓他們與其他人之間有所隔閡，也讓他們因共有相同的絕望而結爲一體。他們握住彼此的手，藉此支撐彼此。他們手握著手，請求坐著發言。其他陪審員答應他們的請求，然後我看見他們在商量，我猜應該是在決定誰先開口吧。我的父親先講，他說：「有兩件事情教我覺得哀傷。第一件事是因爲知道孩子的存在，第二件事情則是知道孩子已不再存在。我希望自己不用去面對第三件事，看我女兒被判刑。我不知道這些事情是怎麼發生的。你們也一樣，因爲終究沒有人有辦法進入他人的靈魂中。但這個人是我的女兒，對一個父親來說，孩子永遠都是無罪的。孩子永遠都不會犯錯。」接著換我母親講，她說：「她是我的小女孩，她永遠都是我的小女孩，我的小女孩不會做任何錯事。她寫信來告訴我她懷孕也準備要把孩子生下來時，我寫了封回信給她：『如果妳已經做出選擇，就表示這件事情是正確的。』如果她是寫信來告訴我她不想要這個孩子，我也會回覆她同樣的答案。我們沒有資格審判她，你們也一樣。你們沒有資格控訴她或爲她辯駁，因爲你們既不住在她的大腦裡，也不住在她的心裡。你們的證言全都一文不値。現場只有一個證人能說明到底發生了什麼事，這個證人就是那個孩子，但他沒有辦法……」其他人齊聲打斷她：「孩子，孩子！」我抓住牢籠的鐵條，大叫：「不要叫孩子！不要叫孩子！」就在我如此大叫的同時……

24

沒錯，就在我如此大叫的同時，我聽見了你的聲音：「媽媽！」我覺得悵然若失——覺得心中空空的——因爲這是第一次有人叫我媽，也因爲這是我第一次聽見你的聲音，而你的聲音聽起來不像個孩子。聽起來像個大人，像個男人。我心想：「他是個男人！」然後我想：「他是個男人，他會判我有罪。」最後我想：「我想要見見他！」我四處搜尋你的身影：牢籠內，牢籠外，長椅上，長椅後方，地上，牆上。但都沒有看見你，你人不在那裡。現場靜如墓園，就在這靜如墓園的時刻，我再次聽見你的聲音：「媽媽！讓我說話，媽媽。別害怕，妳用不著害怕眞相。此外，眞相早已說出口。他們每個人都道出了一種眞相，妳也知道，教導我眞相是由很多種不同的眞相拼湊而成的人就是妳。那些指控妳的人沒有錯，那些爲妳辯駁、宣告妳無罪、宣告妳有罪的人也都沒有錯。但那些判決都不算數。妳父母說得沒錯，沒有人有辦法進入他人的靈魂中，我是唯一的證人。媽，只有我可以說妳用不殺我的方式殺了我。只有我可以解釋妳是怎麼辦到的，又爲什麼要這麼做。媽，我並沒有要求要出生。沒有人曾經提出過這樣的要求，在虛無之中，意志是不存在的。我們沒有選擇，我們只擁有虛無。被一把從虛無中猛拉出來時，我們才意識到生命已然展開，而我們就連要不要擁有生命跟擁有生命到底是好還是壞都沒有去想。我們只是單純地接受，然後看看自己喜不喜歡。我很早就發現自己喜歡擁有生命，縱使恐懼又遲疑，但妳很成功地說服了我出生人世是很美好的事情，我應該要爲自己能逃離虛無感到開心。妳說：一旦出生以後，你千萬不要覺得氣餒，就算要面對痛苦、面對死亡都一樣。有一個人死去，就表示有一個人誕生，有一個人逃離了虛無。再沒有比虛無更可怕的東西了，天底下最悽慘的事莫過於這人不曾存在。我深受妳的信念跟妳的傲慢吸引。

妳曾經跟我說，遠古時代，生命曾經爆炸般地增長，完全不考慮任何後果，我在妳身上感受到的傲慢就很有這種感覺。媽，我相信妳。浸泡在羊水裡的同時，我也喝下了妳的每一個思緒。妳的每個思緒嘗起來都像是一個個的啓示。世上有存在其他種成長方式嗎？我的身體不過是一張藍圖，必須在妳體內成長，也因妳而成長。我的心智不過是種可能性，必須在妳體內成熟，也因妳而成熟。我所學到的一切都是妳教給我的；妳沒告訴我的我就不會知道；妳是我的一絲光明，我的意識。如果妳必須要挑戰一切才能讓我降生人世，我會認爲生命一定是個萬分美妙的禮物。

「但隨後，妳的不確定跟疑惑增加了，妳開始擺盪在奉承與威脅之間，溫柔與憤恨之間，勇氣與恐懼之間。有一天，爲了忘掉心中的恐懼，媽，妳把存在的決定權賦予了我。妳宣稱只是服從我的命令，而非出於妳自身的選擇。事實上，妳指控我是妳的主人，妳則是我的奴隸，而非相反的情況。妳還繼續責備我，怪我讓妳受苦受難。妳甚至跟我下了戰帖，闡述如果活著的滋味如下所述，我是否還敢選擇出生：生命有如一道陷阱，陷進去後你就失去所有的自由、快樂跟愛。生命有如一口井，裡頭充斥奴役與暴力，一旦進入就無法脫身。妳總是不厭其煩地讓我看見在蟻丘裡絕對找不到出路，沒有人逃脫得了它險惡的律法。木蘭樹的存在價值是要讓女人飛墜其上，吃巧克力的人都是不欠缺巧克力的人；明天最初是一個男人爲了一小片麵包而遭射殺，後來變成一袋骯髒的內褲。講完那些悲傷的童話故事後，妳都會問相同的問題：我眞的應該要在此刻離開自己的安樂窩降生人間嗎？妳從未跟我提到有人能活著摘下木蘭花，有人能在不需經羞辱的情況下吃巧克力，以及明天有可能會比昨天更美好。妳意識到時太遲了，我已經自殺了。媽媽，別哭。我明白妳這麼做是因爲愛我，是讓我在第一次知道生存有多可怕之前幫我做好心理建設。妳沒有說實話，媽媽，其實妳相信愛。妳就是因爲太過相信愛了，才會折磨自己，因爲妳見過的愛是多麼地少，因爲妳見過的那些許的愛從不完美。妳是用愛製造出來的。但如果不相信人生，只相信愛夠嗎？我很快就見識到妳並不相信人生，我很快就見識到爲了在人世生存，爲了把我也帶到人世，妳非常非常地努力，於是我允許自己做出我最初也是最後的選擇：我拒絕出生，也讓妳又一次無法獲得月亮。媽，但也是因爲這樣，所以我辦到了。我的思維已不再是妳的思維，我有了自己的思維。也許渺小，也許只有輪廓，但仍有辦法得出結論：如果生命不過是折磨，又何必走這一遭？妳從未告訴我人爲何要出生。因爲妳個性誠實，就沒有欺騙我，沒有告訴我你們這些已然存活的人編造出來自我安慰的傳說：全能的上帝以自己的形象造人，人們都在尋求良善，都想重回天堂。妳唯一的解釋是，妳也曾誕生人世，在妳之前是妳的母親，在妳母親之前是妳母親的母親，一路可以追溯到找不到任何蹤跡的遙遠昨天。簡單說來，人出生的原因，只是因爲過去有其他人出生，因此未來也會再有更多人出生，有點像是自我增殖。有一天晚上，妳曾經告訴我，如果不這麼做，人類這個種族就會滅亡。或更精確地說，人類這個種族將不復存在。但是媽媽，爲什麼人類要存在，爲什麼人類一定要存在？人類存在的目的是什麼？媽媽，讓我來告訴妳答案吧：人類存在的目的就是爲了期盼死亡的到來，期盼虛無的到來。在我那被妳稱之爲蛋的世界裡，目的是存在的，我們的目的就是出生。但在你們的世界裡，前進的目的就只是邁向死亡，人生是一場死刑。我不知道自己爲什麼要從虛無中誕生，卻只是爲了再回歸於虛無之中。」

於是我才明白自己加諸在你以及我自身的惡念有多麼深沉、多麼無可救藥，這樣的惡念也掩蓋了我強迫自己相信的信念：出生是爲了成爲一個快樂又自由的好人，同時也奉快樂、自由、良善的名義跟他人戰鬥。出生是爲了冒險、創造、發現、探求知識——同時也要求生。恐慌的魔掌攫住了我，我不停地期望這一切不過是幻夢、噩夢一場，一旦醒來，我會發現你還活著，你仍是我身體裡的小孩，一切將重新開始，我將不再害怕，不再缺乏耐性，不再宣布自己放棄相信希望。我搖了搖牢籠，告訴自己這一切都不存在。牢籠屹立不搖。這眞的是牢籠，眞的是法庭，眞的舉行了一場審判。在這場審判中，你認爲我有罪，因爲我認爲自己有罪。你判決我要付出代價，因爲我判決自己要付出代價。只剩下刑罰待決定，刑罰顯而易見：否定我的生存權，跟你一起回歸虛無之中。我朝你伸出雙手，我懇求你立刻把我帶走。你朝我靠近，並說：「但是媽媽，我原諒妳。別哭。我將會重生。」

說得眞好，孩子，但這是不可能的。就算把地球上所有精子跟所有卵子用所有的可能性結合，仍舊無法製造出一個新的你，無法製造出你這樣的胚胎，無法製造出你曾經擁有的可能性。你永遠不可能再生，你永遠不會回來了，而我絕望地對著你不停訴說。

25

你已失去生命，卻沒有離開。你就這樣被關在我的身體裡，已經關了好幾天。那個女醫師很困惑也很害怕，她說如果不把你摘除，我可能會死。我完全明白她的意思，不只如此，我本來就沒有打算這麼嚴厲地懲罰自己，沒打算利用你當作那場荒謬的自我審判的刑罰工具。深深的懊悔對我來說已經足夠。然而同時，我不急著將你取出，但我很難說出個理由。或許是因爲我已經習慣跟你待在一起、一起睡覺、一起醒來，並知道即使隻身一人，但其實我並不孤單？或許是因爲我仍不合邏輯地懷疑一切不過是誤會，因此我應該要再多等等嗎？又或許是因爲我再也不想回到你還沒有出現以前的日子嗎？我曾經渴望再一次成爲自己命運的主宰，如今我成功了，卻已不在乎這頭銜。我再告訴你一個你已經沒有機會發現的事實：你拚盡全力追尋財富或愛情或自由，爲了獲得某種權利，你付出一切，一旦得到了，你卻也無法以此爲樂。你要不認爲它多餘，要不就忽視它的存在，並經常會想要回到過去，再次踏上那場征途，再次受盡過程中所有的苦。你會意識到夢想的實現只會讓人覺得空虛。說出「我不想要前進，我不想要抵達終點的人」都會受到祝福；堅持「我想要到終點」的人都會受到詛咒。追尋的終點就是死亡，你頂多只能允許自己沿途休息個幾次。希望你至少可以說服我你不過就是暫時的停靠站，說服我你的死亡不會阻止這場人生，說服我我的人生中不需要你的存在，說服我我的痛苦對某件事或某些人來說有其意義。但一個死去的孩子跟一個放棄作爲母親權利的女性對誰來說會具有意義？是衛道人士、法學家、神學者跟改革家嗎？眞是如此的話，有人或許會問，誰會充分利用這個故事，而他們所組成的法庭對此事的判決又會是什麼。人們會支持我抑或侮辱我？我是否幫助了衛道人士、法學家、神學者或改革家的忙？我是否因爲逼得你自殺、害得你丟了性命而有罪？又或者我的罪行來自賦予你一個你並不擁有的靈魂？去聽聽他們是怎麼討論的，去聽聽他們吼了些什麼吧：她冒犯上帝，不對，她冒犯了女人；她輕忽問題的嚴重性，不對，她對此有了貢獻；她明白生命有多神聖，不對，她把生命看成一個玩笑。這就有如「應該要選擇活著還是死去」這個難題能經由某個法院的判決或某條法律來解決一樣，有如這個難題不是每個人都會遇到的問題，也不需要每個生物都親力親爲解決它一樣。就像理解一個事實的同時不會有產生另一個相反事實的可能性，而兩個事實其實也都並非事實。他們所有的那些審判跟訴訟的意義是什麼？是要找出哪些是法理可容而哪些是法理不容的嗎？是要決定公理何在嗎？孩子，你說得沒錯，公理無所不在。我還認知到許多事情：我是那個男醫師跟他的女同行，我是我朋友跟我老闆，我是我母親跟我父親，我也是你父親跟你。我是你們每一個人所描述出來的我，在我眼前的憂傷山谷中徒然地綻放著驕傲的花朵。

26

你父親又寫了封信給我，這封信讓我陷入思考。他說：「我很了解妳，所以不會試著安慰妳，不會說妳做得很好，讓孩子爲了妳犧牲，而非妳爲了孩子犧牲自己。妳比我還清楚（這些話可是妳攆我出去時吼出來的），女人不是母雞，不是所有的母雞都會孵蛋，有些母雞會遺棄自己的蛋，還有母雞會呑喝掉自己的蛋。我們不會因爲牠們的這種行爲譴責牠們，我們也不會因爲地震或疾病害人喪命就譴責大自然。此外，我也很明白，自己無須提醒妳自然有多殘酷，而母雞這種行爲的背後有其邏輯跟智慧，要是每個生命的可能性都化爲眞正的生命，我們會因爲缺乏空間而死去。妳比我還清楚，沒有哪個人是不可或缺的，就算荷馬、伊卡魯斯、達文西跟耶穌基督都沒有誕生，這個世界仍會照常轉動。那個妳想要拋棄的孩子沒有在身後留下任何空缺，他的消失既不會危害社會，也不會危害到未來。會因此而受傷的人只有妳，最重要的，是因爲妳的心智把這個說不定根本也不算是悲劇的悲劇放大了。（可憐的寶貝，妳發現到思考意味著痛苦，聰明意味著不快樂。可惜妳忘記了第三個基本原則：痛苦是生命的調味料，少了它我們就不是人類了。）所以我寫這封信不是要來安慰妳的。我是要寫來恭喜妳，告訴妳妳贏了。不是因爲妳擺脫了懷孕跟孩子的奴役，而是因爲妳成功地不屈從於他人的需求，也包含不屈從於上帝的需求。相反的情況則發生在我身上。是的，沒錯。過去這幾個月以來，我極爲羨慕那些信仰上帝的人，信仰之於我成爲一種誘惑，面對那樣的誘惑，我屈服了。看到自己有多疲累的同時，我就意識到自己對宗教的渴求。上帝是個驚嘆號，祂能將所有的碎片都黏回去。如果有人相信，這就表示他很疲累，再也沒辦法獨處。妳不會覺得疲累，因爲妳信奉的是懷疑。上帝對妳來說是個問號，或應該說是一連串問號裡的第一個問號。只有那些用困惑來折磨自己的人有辦法前進；只有那些不屈服於信仰上帝所帶來的慰藉的人可以重來：再次陷入自我矛盾，再次覺得自己缺乏存在的價值，再次沉浸於哀傷之中。我們的朋友跟我說，孩子仍在妳的體內，而妳什麼也不願意做，彷彿就像妳要用它來懲罰自己的三心二意，用它來禁止妳繼續活下去。我猜她這樣跟我講，應該是希望我能勸妳不要繼續堅持做這種蠢事吧。但與其說是勸妳，我其實只是要跟妳說妳撐不了多久。妳太熱愛生命了，妳不會對生命的呼喚充耳不聞。當生命呼喚妳的時候，妳會順從它的呼喚，一如傑克・倫敦筆下的狗，牠會跟著狼群一同嗥叫，藉此成爲牠們之間的一分子[5]。」

我們明天就眞的要回家了。雖然明天這個詞似乎對你來說等同冒犯，對我來說等同威脅，但我仍不自覺地往兩旁看了看，意識到明天會是個充滿希望的一天。

5 出自傑克・倫敦著名的作品《野性的呼喚》。主角巴克是一隻大型的雜種犬，在經歷許多事情後，於故事最後加入狼群並成為領袖。

27

他們非常熱情地跟我打招呼，彷彿我有一隻腳底板或耳朵之前生了點小毛病，現在已經開始漸漸康復。他們恭喜我不畏艱難地完成了任務。他們請我去外頭吃飯，一個字都沒提到你。每當我想試著說點什麼，他們就會露出一種介於逃避與尷尬之間的表情，簡直就像我提起一個不愉快的話題，而他們則想回說別想那麼多了，過去的事情就讓它過去吧。後來我朋友把我帶到一旁，彷彿在提醒我一個重要的約會似的，告訴我她問過醫生了，對方說我絕對不能指望你會自行脫離我的身體，如果不把你摘除，我將因罹患敗血症而喪命。我必須下決定，如果讓你殺了我，我們就誰也不欠誰，但這麼做又太矛盾了。我還有好多事情要做。

你從沒有機會去著手做任何事，但我有。我必須繼續經營我的事業，以證明我的能力不輸給男人。我必須跟那些驚嘆號會帶來的舒適感對抗，我必須要讓人們更常捫心自問。我得走出自憐自艾的心境，說服自己痛苦不是生命的調味料。生命的調味料是快樂，而快樂也存在，快樂就存在於追尋快樂的過程之中。最後，我還得闡明這個他們稱之爲愛的神祕事物。不是那種在床上彼此觸碰對方的肉體之愛，我指的是那種我本來快要從你身上理解到的愛。孩子，我好想你。我就像是在想念一隻手臂、一隻眼睛，或自己的聲音那麼想你。然而，我卻沒有昨天那麼想你了，也沒有今天早上那麼想你了。這種感覺很奇怪。有人會說，痛苦總隨著時間分分秒秒的流逝而漸漸淡化，並被放進一組括弧中。狼群已開始呼喚我，即使牠們仍在遠方也不打緊，只要牠們一靠近，我知道自己將會跟著牠們前去。我的痛苦眞的有那麼深嗎？我眞的痛苦了這麼久嗎？我不可置信地自問。我曾在一本書上讀到，唯有痛苦結束以後，我們才會意識到自己承受了多少苦痛，接著我們就會驚訝地大叫：我是怎麼熬過那段宛如地獄般的日子的？我現在的情況一定就跟那本書上形容的一樣，生命是多麼的不可思議啊。我們的傷口以驚人的速度癒合，要不是留下了傷疤，我們根本不會記得自己曾流過的血。到最後，就連傷疤都會消逝。傷疤的顏色會轉淡，最終消失無蹤。同樣的事情也會發生在我身上。又或者會嗎？我一定會讓傷疤癒合，因爲我必須這麼做，我需要這麼做。我現在正把你的相片從牆上拿下來，我將不再用你那雙張得大大的眼睛來嚇自己。我也將其他的照片都撕下來。我本來保留你的搖籃，就像保留一副棺材似的，我現在把它砸成了碎片扔進火爐裡。我要把你的衣櫥拿去送人，或許會把它撕成碎片。我會跟醫師約診，會告訴他我同意，過幾天你就會從我的體內清除。我甚至有可能會打個電話叫你父親還是其他男人來，今晚就讓他伴我入眠。我守這貞潔也守得夠久了。雖然你死了，但是我還活著。我活力充沛，而且不後悔。我不接受他人的審判，不接受他人的裁決，甚至也不接受你的原諒。狼群就在身旁，我還有餘力再將你生下一百次，且無須祈求上帝的哀憐或任何人的幫助……

天啊，好痛！我忽然覺得很不舒服。這是什麼？又是那種刀割般的刺痛。這種痛就跟之前一樣一路往上刺進我的腦袋。我在冒汗，我覺得身體發燙。孩子，我們的時候到了，是時候要分別了。而我不想。我不想要讓他們用根湯匙把你挖出來，扔進裝了髒棉花跟紗布的垃圾桶裡。我不想要這樣，但我別無選擇。你仍緊緊地從內部抓住我的身體。如果我不立刻趕到醫院讓他們把你取出來，你會奪走我的命。我不能容許這件事情發生，我絕對不容許。孩子，你說我不相信生命，你錯了。我相信生命。我喜愛生命，縱使天底下有諸多惡行，我仍要盡全力活下去。孩子，我正在往前跑。而我深深地跟你道別。

28

我頭頂上是白色的天花板，你躺在我身旁的玻璃瓶裡。他們不想讓我見你，但我說服了他們，我說見你是我的權利，因此他們皺著眉頭不情願地把你放到了那裡面。我終於見到了你。我覺得自己被那張照片裡的孩子給騙了，你根本就不像個孩子，而像一顆蛋。一顆漂浮在不透明的粉紅色酒精裡的蛋。你早在他們知道之前就停止發育了，你從沒有機會長出我所形容的那些指甲、皮膚跟數不盡的細節。我想像中的生物啊，你只勉強長出了不清不楚的一雙手跟一雙腳、一個看起來像是身體的東西、一張有著一個小鼻子跟兩顆極小的眼睛的模糊臉蛋。到頭來，我愛的其實是一隻小魚。就爲了對這隻小魚的愛，我虛構出一種極大的苦難，這種虛構的苦難差點要了我的命。我不接受。爲什麼我不早點把你取出來？爲什麼我浪費那麼多時間讓你毒害我？我的身體狀況不好，他們看起來都很警戒。他們把針頭插進我的右手臂跟左手腕，針頭接著一條細長的管子，管子如同蛇一般往上攀爬，連接到點滴瓶。在旁邊待命的護士拿了一盒棉球。幫我處理的那位醫師經常帶另一位醫師進來，他們彼此之間會交換一些意見，雖然我聽不清他們在說什麼，但聽起來不是什麼好消息。我很希望我那朋友或你父親會來看我，如果是我父母就更好了。我似乎聽見了他們的聲音。然而我那些親友都沒有來，現場只有那兩個穿著白色夾克的人，其中一個就是之前指責我的那位嗎？不久前他發了脾氣，他說：「劑量改成兩倍！」什麼的劑量？痛苦嗎？還是哀傷？我已經經歷過痛苦跟哀傷了，我非再經歷一次不可嗎？然後他說：「動作快點，沒看到她快要離我們而去了嗎？」什麼要離去？是針頭脫離了嗎？還是有人離開這個房間？抑或是我的生命將離我遠去？除非你不想，否則生命是不會離開的，這裡沒有任何人會死。就連你也是。你早已死去，死的時候，還不知道什麼叫做活著，不知道顏色、味道、氣味、聲音、感覺、思考。我覺得很遺憾，對你跟對我都是。我覺得自己很丟臉，因爲就算能像隻海鷗在天空翺翔好了，倘若你沒有辦法孕育出一代又一代能飛翔的海鷗，當海鷗又怎麼樣？就算能像個孩子般玩耍，倘若你沒有辦法孕育出一代又一代能在遊戲中自得其樂的孩子，那麼像個孩子般玩耍又怎麼樣？你應該要起身戰鬥，而且打一場勝仗才對。你投降得太早，放棄得太快了。你命不該活。怎麼會有人聽到一、兩個童話故事跟兩、三個警告就害怕的？你就跟你父親一樣，他認爲在上帝的懷抱裡很舒適，你認爲選擇不出生很舒適。我們之中是誰背叛了生命？不是我。我覺得非常疲累。我感覺不到自己的雙腿，我的眼前會不時出現一團迷霧，沉默如蜂鳴般將我包覆。然而你瞧，我沒有放棄。你瞧，我還撐著。我們倆不同。我絕對不能睡著，我必須維持清醒，必須動腦。如果動腦，我說不定就能撐下去。你在那個玻璃瓶裡待多久了？好幾個小時？好幾天？好幾年？也許只有幾天吧，但對我來說有如好幾年。我不能就這樣讓你一直待在玻璃瓶裡，我得幫你找個比較莊嚴的地方。但是哪裡呢？

也許把你放到那棵木蘭花樹的根部吧。但那棵木蘭花樹已離我遠去，它歸屬於我的孩提時期，那裡現在已經沒有木蘭花樹了，連我的家都不在了。我應該要帶你回家，不過得等到白天。現在是晚上，白色的天花板變成一片漆黑，而且很冷，要出去的話最好還是先幫你披上大衣。來，走吧，我會帶著你。我想把你摟在懷裡，孩子。但你好小，我沒有辦法把你抱在懷裡。我可以把你托在我單邊的手掌上，這樣就好。只要別出現一陣微風把你吹走就好。現在我有點搞不清楚了，明明只要一陣微風就能把你吹走，你卻好重，重得我腳步都走不穩了。請握住我的手，就像這樣。很好。瞧，現在是你在帶路，引導我前行。可是你已經不再是一顆蛋，不再是一條小魚了，你是一個孩子！你已經長到我的膝蓋那麼高了。不，長到我的胸口了。不，長到我的肩膀了。不，比我的肩膀還高了。你不是一個孩子，你是一個男人！一個手指有力但溫柔的男人。現在我需要你的手了。我是一個老女人，若少了你的攙扶，我現在連樓梯都沒辦法走下去。你還記得以前，我們會摟著、抓著彼此，小心翼翼地上上下下這些階梯，免得摔下去嗎？還記得那時候我要你自己爬看看，結果你只走了一下子，我們就開始一起笑著數階梯有多少級嗎？還記得你怎麼學會邊喘氣邊抓住所有能抓住的東西往上爬，而我就張大了雙手跟在你後面嗎？還有那天，我們因爲你不聽我的建議而吵了一架，你還記得嗎？後來我很過意不去，想要求你原諒我，但又辦不到。我望向你的雙眼，同時你也望向我，直到忽然間你露出微笑，而我知道你明白了。後來怎麼了？我的腦海裡一片迷茫，我的眼皮就跟鉛塊一樣沉重。我是要睡著了嗎？還是我的人生已經來到盡頭？我不能輸給睏意，不能輸給盡頭。幫我保持清醒，回答我：翅膀會很不好運用嗎？他們會朝你開槍嗎？你會開槍回擊嗎？蟻丘裡的人會欺壓你嗎？你有輸給自己的失望跟憤怒嗎？或是你就像一棵健壯的大樹一樣站得筆挺呢？你有發現快樂、自由、良善、愛的存在嗎？我希望自己的建言有幫上一點忙。我希望你永遠也不會絕望而語帶褻瀆地大吼「我爲什麼要出生」。我希望你認爲蹚這渾水值得，即使代價是受苦，即使代價是死亡。即使代價是受苦，即使代價是死亡，我仍非常自豪能將你拉出虛無之境。好冷好冷，白色的天花板好暗好暗。但我們到了，這就是那棵木蘭花樹。摘一朵花吧。我從來沒有成功過，但是你辦得到。踮起腳尖，伸長手臂，就像這樣。你在哪裡？你在這裡，你把我抱了起來，你好高，你是個男人。如今你又不見了。我只看到一個裝滿酒精的玻璃瓶，瓶裡浮著某種東西，那個東西不想成爲男人或女人，我也沒有幫忙它成爲一個男人或女人。爲什麼我要那麼做？你問我，爲什麼你要那麼做？爲什麼，因爲生命存在啊，孩子！一說出生命存在，那些寒冷就消失了，那些睡意就消失了，我覺得自己就是生命本身。燈打開了，我聽見說話聲。有人在跑步，那人絕望地大聲呼喊。但在其他的地方，有數以千計、數以萬計的孩子誕生，這些孩子未來也將成爲母親。生命並不需要你或我的存在。你已經死了，或許我也快死了，但這都不重要。因爲生命會一直存在下去。

作者：奧
里亞娜・法拉奇（Oriana Fallaci）｜
譯者：朱浩一｜出版者：愛米粒出版有限公司｜地
址：台北市10445中山北路二段26巷2號2樓｜編輯部專線：
（02）25622159｜傳真：（02）25818761｜【如果您對本書或本出版公司有
任何意見，歡迎來電】｜總編輯：莊靜君｜主編：林淑卿｜校對：金文蕙・黃薇
霓｜內文排版：王志峯｜印刷：上好印刷股份有限公司｜電話：（04）23150280｜
初版：二〇一六年（民105）五月十日｜定價：280元｜總經銷：知己圖書股份有限

非虛構022

寫給未出生的孩子

Lettera a un bambino mai nato

公司｜郵政劃撥：15060393｜（台北公司）台北市106辛亥路一段30號9樓｜電話：（02）
23672044／23672047｜傳真：（02）23635741｜（台中公司）台中市407工業30路1號｜電話：
（04）23595819｜傳真：（04）23595493｜法律顧問：陳思成｜國際書碼：978-986-92934-
2-6｜CIP：877.57／105003643｜因為閱讀，我們放膽作夢，恣意飛翔—成立於
2012年8月15日。不設限地引進世界各國的作品，分為「虛構」、「非虛構」、
「輕虛構」和「小米粒」系列。在看書成了非必要奢侈品，文學小說式
微的年代，愛米粒堅持出版好看的故事，讓世界多一點想像力，
多一點希望。來自美國、英國、加拿大、澳洲、法國、
義大利、墨西哥和日本等國家虛構與非虛
構故事，陸續登場。

愛米粒出版
Emily

愛米粒出版
Emily

廣告回信
台北郵局登記證
台北廣字第04474號

平信

To：愛米粒出版有限公司 收

地址：台北市10445中山區中山北路二段26巷2號2樓

＊請沿虛線剪下，對摺裝訂寄回，謝謝！

當讀者碰上愛米粒

姓名：______________ □男 / □女：_____ 歲

職業 / 學校名稱：______________

地址：______________

E-Mail：______________

*請沿虛線剪下，對摺裝訂寄回，謝謝！

● 書名：寫給未出生的孩子

● 這本書是在哪裡買的?

a.實體書店 b.網路書店 c.量販店 d. __________

● 是如何知道或發現這本書的?

a.實體書店 b.網路書店 c.愛米粒臉書 d.朋友推薦 e.____________

● 為什麼會被這本書給吸引？

a.書名 b.作者 c.主題 d.封面設計 e.文案 f.書評 g.____________

● 對這本書有什麼感想？有什麼話要給作者或是給愛米粒？

※ 只要填寫回函卡並寄回，就有機會獲得神祕小禮物！

讀者只要留下正確的姓名、E-mail和聯絡地址，
並寄回愛米粒出版社，即可獲得晨星網路書店$30元的購書優惠券。
購書優惠券將mail至您的電子信箱（未填寫完整者恕無贈送！）

得獎名單將公布在愛米粒Emily粉絲頁面，敬請密切注意！
愛米粒Emily: https://www.facebook.com/emilypublishing

愛米粒出版有限公司
Emily Publishing Company, Ltd.